황장엽
(전 북한 노동당비서,
전 김일성종합대학 총장)

황장엽 선생과 본서 저자 강태욱

황장엽 선생으로부터 「인간중심철학 교육과정」 수료증을 받는 강태욱

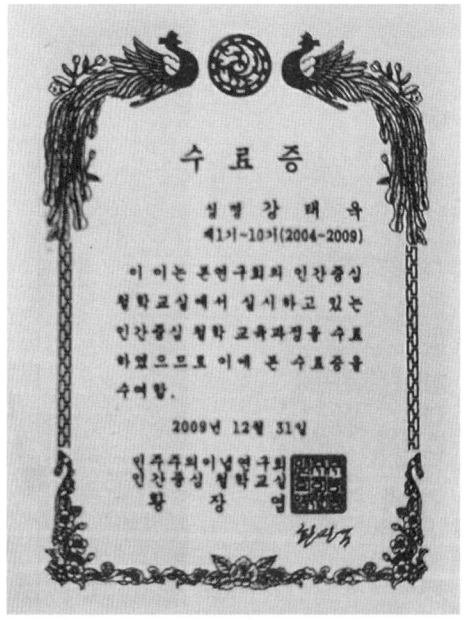

인간중심철학 교육과정 수료증

한천심 처인문화원장 댁에서(2004년 이른 봄)

황의각 전 고려대 경영대학원장 댁에서(2005년 늦은 봄)
시계방향으로 권혁조 전 광운대 교수, 한천심 처인문화원장, 황의각 교수 부인, 황장엽 선생, 강태욱 민주주의이념연구회장, 백남진 평남지사, 황의각 교수

황장엽 선생 「민주주의 정치철학」 출판기념회에서(2006. 1. 25. 외교센터 리더스클럽)

황장엽 선생 「민주주의 정치철학」 출판기념회에서(2006. 1. 25. 외교센터 리더스클럽)
왼쪽부터 한기홍 시대정신 대표, 오윤진 예비역 해병소장, 황장엽 선생, 이동복 전 국회의원, 강태욱 민주주의이념연구회장, 김영환 북한인권운동가)

민주주의이념연구회 창립대회 모습(2006. 4. 19. 프레스센터)

민주주의이념연구회 창립대회, 김영삼 전 대통령 축사(2006. 4. 19. 프레스센터)

민주주의이념연구회 창립대회, 황장엽 선생 기념 강연(2006. 4. 19. 프레스센터)

민주주의이념연구회 창립대회, 강태욱 회장 취임 인사(2006. 4. 19. 프레스센터)

황장엽 선생 하관식 때 영결사하는 강태욱 민주주의이념연구회장
(2010. 10. 14. 대전국립현충원)

황장엽 선생의 묘지를 참배한
강태욱 민주주의이념연구회장 부부

2014년 강태욱 저 인간중심철학 출판기념회

「황장엽의 인간중심철학」 출판기념회 인사말(2014. 6. 11. 프레스센터)

황장엽의 인간중심철학 특별강연(2015. 1. 30)

2017년 강태욱 저 알기쉽게 풀어쓴 황장엽의 인간중심철학 출판기념회

흥사단 창립 90주년 기념의 밤(2003. 5. 13. 세종문화회관)
왼쪽부터 강태욱 흥사단 심사회장, 이만근 흥사단 공의회장, 박관용 국회의장, 김소선 흥사단 이사장, 안병욱 교수, 서영훈 전 적십자사 총재, 연단 위 강영훈 전 국무총리)

공선협 기념사진(1990)

공선협 특별기자회견(1992. 12. 16. 경실련 강당)
왼쪽부터 강태욱 회장, 손봉호 전 서울대 교수, 한상범 전 동국대 교수, 이한빈 전 부총리, 송월주 스님)

정치개혁시민연합 창립 축하연(1995. 5.)
왼쪽부터 김영관 전 해군총장, 손학규 전 의원, 장을병 성균관대 총장, 강삼재 전 의원,
박형규 목사·상임대표, 박재일 한살림 회장·공동대표, 홍성우 변호사, 강태욱 회장·공동대표)

황장엽 선생 미수연에서 김문기 박사(상지대학교 설립자, 전)상지대학교 총장)가 쓴 친필 서예작품 증정

황장엽 선생 미수연에서
(왼쪽부터 강태욱 회장, 황장엽 선생, 김문기 박사)

정계은퇴 후 시민사회운동에 적극 참여했던 이기택 전 민주당 총재(범사련 상임고문)와 함께
(왼쪽부터 이갑산 범사련 상임대표, 이기택 전 총재, 윤병욱 전 미주한인재단 총회장, 강태욱 회장)

황장엽의 인간중심철학 **세계민주화 전략**

증보개정판

황장엽의 인간중심철학

세계민주화 전략

World Democratization Strategy
Based on Anthropocentric Philosophy of Hwang Jang Yeop

| 강 태 욱 지음 |

도서
출판 **가야**

✎ 서 언

　작년, 2021년 6월에 저는 서둘러 "세계민주화 전략"이란 소책자를 발간한 바 있습니다. 그해 4월에 위암수술을 받고 다급한 심경이 나를 그렇게 서두르게 했습니다. 그 소책자를 출판한 직후 많은 분들의 평가가 있었습니다. 좀 이해하기 어려우니 알기쉽게 풀어서 새롭게 내는 것이 어떻겠느냐는 의견이 많았습니다. 그래서 용기를 내어 증보판을 내기로 했습니다. 쉽지않은 일이었습니다. 그러나 비장한 소명감을 가지고 골똘히 생각하고 탐구하면서 황선생의 철학적 진리를 발굴해 내려고 진력을 기울였습니다.

　감히 말씀드린다면 황선생께서 미쳐 밝혀 내지 못한 인간중심철학의 진리의 광맥을 "세계민주화 완성후의 철학사상"이란 진리를 통해서 세상에 내놓게 된 것을 더없이 기쁘고 자랑스럽게 생각합니다.

황선생께서도 더없이 기뻐하시리라 믿습니다. 황선생께서는 수없이 말씀하셨습니다. 내 철학에 대해서 도그마에 빠지지말고 교조주의에 빠지지 말라고 수없이 말씀하시면서 혼신을 다해서 연구하고 연구해서 내 철학을 뛰어넘는 새로운 진리를 탐구해 내라고 말씀 하셨습니다.

저는 2003년 말부터 2010년까지 7년간 전 북한 노동당 비서였던 황장엽 선생을 모시고 인간중심철학 교실을 운영하면서 인간중심철학을 공부하고 연구했습니다.

2010년 10월 10일 선생께서 급서하신 후 나는 인간중심철학을 교육하고 펼치려고 열성적으로 강의를 해왔습니다.

그리고 2014년에는 선생께서 7년간 강의한 녹음Tape를 녹취하여 1,400여 page에 달하는 육성강의 녹취록 1, 2권을 출판하고 출판기념회를 가졌습니다.

2017년에는 "알기쉽게 풀어쓴 황장엽의 인간중심철학"이라는 해설서를 출판하고 출판기념회를 가졌습니다.

이렇게 노력을 하는 가운데 아주 중요한 진리를 깨우쳤습니다. 바로 오늘 말씀드리려는 "세계민주화전략"이라는 진리였습니다.

선생께서는 세계민주화는 우리 인류가 이루어내야 할 민주주의의 발전 방향일 뿐만 아니라 민주주의의 종국적 목표라고 거듭 강조를 했습니다. 그러나 누구도 관심을 갖지를 못했습니다. 그냥 큰 뜻 없이 민주주의를 언급한 것이라고 생각을 했을 뿐이었습니다.

뿐만 아니라 세계민주화는 실현될 수도 없고 전혀 상식에도 맞지 않는 이론이라고 치부하기도 했습니다.

그러나 저는 세계민주화란 단어속에서 아주 중요한 진리를 발견했습니다.

"세계민주화"는 인류역사 발전에서 우리 인간사회의 필연적 발전 방향일 뿐만 아니라 우리가 연구하고 발전시켜야 할 민주주의 정치철학의 가장 중요한 학설로 될 수 밖에 없다는 것을 깨닫게 되었습니다.

그런 과정에 우연하게 미국 Saint Mission University 총장의 관심을 받게 되었습니다. 그리고 2017년 12월 10일에는 본인이 Saint Mission University의 교수(철학)로 임명되었으며, 동일자로 인간중심철학이 정규대학 강의 과목으로 채택되었다는 통보를 받았습니다.

그 후 저는 Saint Mission University의 강의 요청에 따라서 열심히 강의를 해왔습니다.

세계민주화의 중요성과 필연성, 그리고 세계민주화를 이루어내려면 어떤 전략이 필요한가 하는 것을 강의해 왔습니다.

사실은 세계민주화는 그냥 놔두어도 인간의 발전, 인간사회의 발전(민주주의의 발전)에 따라 필연적으로 이루어지는 민주주의의 종착점이라고 선생께서는 강조하셨습니다. 민주주의 발전의 종착점은 세계민주화라고 단언을 했습니다.

그러나 인간의 역사 발전은 인간의 깊은 철학적 사고와 의지에 따라 발전되어져야 창조주 하나님의 뜻과도 일치된다고 생각합니다. 이런 점에서 인간중심철학이 제시하고 있는 "세계민주화전략"은 우리인류가 반드시 연구하고 개척해 나가야 할 과제일 뿐만 아니라 창조주의 섭리실현이라고 믿기에 본 소책자를 저술하는 바입니다.

끝으로 본 저서를 내는데 너무도 큰 격려와 용기를 주시고 지도를 아끼지 않으신 이남영 서울대 명예교수(철학)이시며 인간중심철학연구소 이사장 겸 소장님에게 무한한 존경과 감사의 말씀을 드립니다.

아울러 인간중심철학연구소 이사이신 홍순경 전 북한 태국대사관 참사관이셨으며 북한민주화위원회 전이사장님, 한천심 처인문화원 원장님, 김학광 동학학회후원회 이사장께도 감사의 말씀을 드립니다.

아울러 본 저서를 내면서 기록에 꼭 남기고 싶은 감사의 말씀을 첨언합니다.

제가 본 저서 원고를 1차 탈고하여 가야출판사에 출판을 맡겼습니다. 그후 3일도 안되어서 나는 병원에 입원을 해야 했습니다. 그리고 위암수술을 받았습니다.

약 10일 후 병원에서 퇴원한 나는 집에서 요양회복을 위해서 힘든 생활을 하고 있었습니다. 걸음도 제대로 못 걸을 정도로 쇠약한 상태였지만 "세계민주화 전략"이란 책은 꼭 세상에 내놓아야 되겠다는 강렬한 욕구를 억제할 수가 없었습니다. 그래서 원고를 수정하고 다듬는 작업을 시작했습니다. 수없이 고치기를 거듭했습니다.

이런 어려운 과정에서 가야의 유병인 사장님과 교정정리를 맡아주신 이수영 선생께서 정성을 다해서 참을성 있게 도와 주셨습니다. 본 지면을 통해서 감사하고 고맙다는 말씀을 드립니다.

✎ 추천의 글

　강태욱 회장으로부터 황장엽의 인간중심철학에서 밝히고 있는 "세계민주화 전략"이라는 제목으로 새로운 책을 저술했다는 말을 듣고 참으로 기뻤습니다. 그리고 내가 축하와 격려의 말씀을 꼭 전해야 되겠다고 생각을 했습니다.

　이유는 인간중심철학에서 주장하고 있는 "세계민주화 전략"은 지금까지 어떤 철학자도 어떤 정치학자도 말하지 않은 정말 창의적이고 새로운, 우리 인류가 앞으로 발전해가야 할 발전 방향이라고 생각되었기 때문입니다.

　민주주의 발전의 종국적 종착점은 세계민주화 여야 하기 때문입니다. 이 논리는 민주주의 정치철학이 지향하는 최종 목표이기도 합니다.

강태욱 회장은 학문을 한 사람이 아니었고 더욱이 철학을 전공한 분은 아니었습니다. 그러나 전 북한 노동당비서였던 황장엽 선생을 만나서 그 분이 창안, 정립한 인간중심철학을 선생의 강의와 지도를 받으면서 철학도의 길로 깊이 매진하게 되었습니다.

강회장은 2014년에는 황장엽선생께서 7년간 강의한 내용을 녹취 정리하여 "황장엽의 인간중심철학" ①, ②권을 출판하고 출판 기념회를 가진 바 있습니다.

그 후 2017년에는 "알기 쉽게 풀어 쓴 황장엽의 인간중심철학"을 저술하고 출판기념회를 갖는 등 뛰어난 열성을 보여 왔습니다.

금번 출판하는 "세계민주화 전략"은 우리 인류가 앞으로 반드시 이루어 내야 할 발전방향이라고 믿기 때문에 더욱더 강회장의 노고에 축하하는 바입니다.

아울러 앞으로 후학들이 이 책에서 밝히고 있는 "세계민주화 전략"을 더욱더 연구하고 발전시켜나가길 기대하면서 진심으로 축하의 말씀을 드립니다.

2021년 4월   일

이 남 영
⟨서울대 명예교수(철학) / 황장엽인간중심철학연구소 이사장 겸 소장⟩

목차 >>>

서언 | 강태욱 ··· 16
추천의 글 | 이남영 ·· 22

1. 인간중심철학이란 어떤 철학인가? ···················· 29
   가. 마르크스주의 철학을 극복하고 탄생된 철학 ············ 29
   나. 인간의 운명개척의 길을 밝히는 철학 ····················· 30
   다. 왜 인간을 중심으로 봐야 하는가?
      "인간중심" 이란 철학적 의미는? ························· 111
   라. 인간중심철학의 위업 ·· 115

2. 정치의 탄생과 민주주의의 발견 ······················ 125
   가. 정치의 탄생 ··· 125
   나. 민주주의의 발견 ··· 129

3. 인류사회 역사발전론 ······································ 137
   가. 마르크스주의 철학의 역사발전 5단계설 ················ 137
   나. 인간중심철학의 민주주의 발전론 ························ 137

4. 세계민주화란? ·· 144
   가. 세계민주화 정의 ································ 144
   나. 세계민주화의 역사적 필연성····················· 145
   다. 시대적 사명-세계민주화························· 149
   라. Covid19 사태와 세계민주화의 필연성, 불가피성 ·········· 155
   마. 세계민주화 전략 ································ 163
   바. 세계민주화와 북미회담의 역사적 의미 ············ 170

5. 세계민주화가 완성되면? ······························ 176
   가. 세계민주화는 우리 인류가 지구상에서의
      발전의 완성을 의미한다····························· 176
   나. 세계민주화 시대는 제3의 창조시대,
      인간의 지적 설계에 의한 창조시대의 도래를 의미한다 ··· 186
   다. 물질문명(물질만능)시대에서 정신문명 시대로-인간혁명 ··· 199

6. 변증법 ····································· 224
　가. 변증법이란 무엇인가? ····························· 224
　나. 변증법의 탄생과 발전 과정 ························ 227
　다. 인간중심철학의 변증법 5대 법칙 ···················· 240

7. 세계민주화 발원지-한반도 대한민국
　세계민주화 종결지-한반도 대한민국 ·················· 307

8. 핵심요약 ···································· 317
　인간중심철학과 세계민주화 ·························· 317

9. 세계민주화 헌장 ······························ 328

10. 인류사회 역사발전 구도 ······················ 330

111. 세계민주화의 노래 ························· 331

부록
　Covid 19(corona virus disease 19) 사태와
　인류사회 발전방향 ····································· 333

1. 인간중심철학이란 어떤 철학인가?

가. 마르크스주의 철학을 극복하고 탄생된 철학

인간중심철학이란 전 북한 노동당 비서였던 황장엽선생이 마르크스주의 철학의 모순과 오류를 극복하고 창안, 정립한 철학 학설이다.

흔히들 인간중심철학이라고 하면 주체사상이라고 단정을 한다. 또 어떤 사람은 사람이 중심이란 뜻이기 때문에 인본주의라고 생각을 하기도 한다. 뿐만 아니라 인간중심철학은 본질적으로 마르크스주의 철학이라고까지 말하기도 한다.

그런데 결단코 말하건대 인간중심철학은 주체사상도 아니고 단순히 인본주의라고 하는 수사적, 사변적 표현도 아니다. 더욱이 마르크스주의 철학은 결코 아니다.

마르크스주의 철학의 모순과 오류를 극복하고 탄생된

철학이다. 마르크스주의 철학을 뛰어넘는 인류역사 최고, 최후의 철학이다.

나. 인간의 운명개척의 길을 밝히는 철학

인간중심철학이란 인간의 운명개척의 길을 밝혀주는 것을 철학의 사명으로 하는 깊은 진리와 원리를 갖고 있는 철학 학설이다.

인간의 운명이란 인간이 생존하고 발전해 가는 과정을 말한다.

개인적 존재로서의 인간의 운명은 각 개인의 生과 死의 문제이고 잘 살고 못 사는 문제이지만, 인간이란 생명체의 한 종으로서의 전인류의 운명은 인간이란 種이 어느 때인가는 멸종될 것인가, 아니면 계속 생존하고 발전해 갈 수 있을 것인가 하는 문제다.

그러면 인간의 운명은 어떻게, 무엇과의 관계에서 결정되는가?

인간이 살아가고 있는 이 세상(지구 그리고 전우주만물, 인간 외의 모든 존재)과의 관계에서 결정된다. 그래서 인간의 운명을 개척해 나가기 위해서는 다음 세 가지를 규명하고 연구해 나가야 한다.

첫째 : 세계의 일반적 특성

우리 인간이 살아가고 있는 이 세상, 지구, 우주만물이 무엇인가를 알아야 한다. 즉 세계의 일반적 특성이 무엇인지 계속 연구하고 탐구해야 한다.

세계 우주만물의 탄생과 발전, 그리고 현상태의 세계의 일반적 특성 등을 연구하고 탐구해서 인간의 운명개척의 길을 계속 발전시켜 나가야 한다.

그러면 세계란 무엇인가? 세계란 원래부터 있어왔던 존재인가 아니면 언제인가는 탄생된 것인가? 탄생되었다면 언제 어떻게 탄생되었으며 지금 있는 세계는 탄생되었을 때와 똑같은 것인가?

아니면 계속 변화 발전되어 왔는가? 그렇다면 그렇게 변화 발전되어져 온 과정은 어떠하고, 오늘의 세계의 모습은 무엇이며 앞으로 어떻게 변화 발전되어질 것인가?

그리고 이 모든 변화 발전의 원리는 무엇인가? 참으로 궁금하지 않을 수 없다.

이런 문제들에 대해서 우리 인간이 오랜기간을 통해서 첨단과학을 발전시켜 밝혀낸 대강의 범주를 소개하고저 한다.

세계는 미시세계와 거시세계로 나뉘어진다.

1) 미시세계

세계를 구성하고 있는 물질의 구성요소들을 미시세계라고 한다.

물질세계를 구성하는 최소단위를 소립자라고 한다. 소립자는 분자를 말한다. 분자는 원자로 그성되고 원자는 원자핵과 그것을 도는 전자로 되어있다. 원자핵은 양전기를 띠는 양성자와 전기를 띠지않는 중성자로 되어 있다. 그리고 양성자는 3개의 쿼크로 구성되어 있다.

쿼크→양성자→원자핵→전자→분자 등 대강 이렇게 구성되어진다. 원자의크기는 1억분의 1㎝(1/1억). 원자핵의 크기는 100억분의 1㎝(1/100억) 이고 원자핵의 부피는 원자의 1/100조 이라고 한다.

물질을 구성하고 있는 단위를 분자량이라고 한다. 물의 분자량은 18이다.

그런데 생명체를 구성하는 기본물질의 하나인 단백질의 분자량은 10,000개에서 100,000개나 된다.

생명체의 특성을 직접체현하고 있는 물질인 DNA는 가장 무거운 것은 분자량 이 800억 개나 된다.

가장 원시적 생명채의 하나인 대장균은 3,000종의 단백질. 1,000종의 핵산, 1,000종의 기타생분자로 구성되어 있다.

인간를 구성하고 있는 세포는 60조에서 100조개나 된다.

생명체를 구성하고 있는 가장 단순한 기본물질의 하나의 단백질의 분자량이 10,000에서 100,000개가 된다는 것을 생각하면 인간을 구성하고 있는 분자량이 얼마나 많은가 하는 것을 상상할 수 있다.

2) 거시세계

① 우리 인간이 살고 있는 지구를 포함해서 태양, 달, 수억조의 별들을 포함해서 전체 우주공간을 거시세계라고 한다.

이 거시세계, 끝없이 넓은 우주공간에 대해서 우리 인간들은 너무도 궁금하고 두렵기 까지 해서 도대체 그 넓은 우주공간에는 무엇이 있고 어떻게 생겼는지 알아보려고 수백년, 수천년에 걸쳐서 참으로 많은 노력을 해왔다.

그 결과 최근 초 과학문명시대를 맞이하면서 그렇게 궁금하던 우주세계의 비밀이 조금씩 풀려지고 있다.

② 우주는 137억 년 전에 대폭발(big bang)로 인해서 탄생되었다는 것이 현대의 초과학계 가 밝히고 있는 확정적 결론인 것 같다.

미국의 NASA, 불란서와 스위스의 접경지역에 있는 유럽 원자핵연구소(CERN)등에서 밝혀낸 우주탄생에 대한 비밀은 참으로 경이롭다.

우주는 137억년전에 대폭발로 인해서 탄생되었으며 폭발 당시의 온도는 10조도 였고 폭발당시의 최초의 우주물질의 크기는 10cm의 -33자승이었으며 폭발에 걸린 시간은 1/-44 초였다는 것이 밝혀졌다. 폭발된 후 38만년이 되었을 때 온도가 3,000도까지 내려갔다. 모든 물질은 온도가 100,000도가 되면 플라즈마 상태로 된다. 즉 원자핵과 전자가 분리되는 상태가 된다. 이때는 빛도 통과되지 않을 뿐만 아니라 중력 등 어떠한 힘의 작용도 없는 완벽한 대칭상태로 된다.

그러다가 대폭발 후 38만년이 되었을 때 온도가 3,000도까지 내려가니까 이때부터 우주에는 큰 변화가 일어났다. 우주전체역사에서 가장 큰 역사로 꼽히는 자발적 대칭 붕괴 현상이 일어난 것이다.

대칭이 붕괴되거나 숨겨져서 아주 찰라적인 순간에 강한상호작용(강력), 약한상호작용(약력), 전자기상호작용(전자기력), 중력등 4개의 힘이 우주공간에서 꿈틀 거리기 시작했다. 이때부터 우리가 볼 수 있고 감지할수 있는 모든 존재가 생겨나기 시작했다. 시간과 공간 역시 그때, 빅뱅때 생겨났다.

지금으로부터 45억 1,000만년 전에 우주공간에는 태양이 생겨났고 그보다 1,000만년 후인 45억년전에 지구가 탄생되었다. 그리고, 수십조개의 별들이 탄생되기 시작했다. 이렇게 탄생된 우주는 계속 가속도를 내면서 팽창해 가고 있다.

그러면 우주는 언제까지 얼마나 팽창해 갈 것인가 궁금하다.

영광스럽게도 우주팽창설을 주장하는 세계적 학자가 대한민국의 김정욱 박사라는 분이다. 그에 의하면 우주는 영원히 팽창해 간다고 한다. 그것도 약 10억년전 부터는 가속도를 내면서 팽창해 가는데 무한대로 영원히 팽창해 간다고 한다.

무한대로 팽창하려면 무한대의 공간이 있어야 할것이 아닌가 하는 의문이 생기는데 공간과 시간은 빅뱅과 동시에 존재하게 되었다고 한다. 빅뱅전에는 시간과 공간은 없었다고 한다. 참으로 이해할 수 없고 신기할 뿐이다. 결국 창조주의 섭리라고 할 수 밖에 없다.

밤하늘에 뿌옇게 보이는 은하수, 은하계라는 것이 있다. 은하계에는 태양과 같은 별이 2,000억-3,000억 개가 있고 지구와 비슷한 행성이 1,000만개 정도가 모여있다. 우리 은하계와 같은 은하계가 모여서 대 은하계를 만드는데 이것을 국부은하단이라고 한다.

 은하계의 직경은 10만광년이다. 빛의 속도로 10만년 걸려서 갈 수 있는 거리다. 빛의 속도는 1초에 30만㎞, 지구의 일곱바퀴반의 거리이다.

 이렇게 장황하게 우주를 설명하는 이유는 상상키 어려우리 만큼 광활한 우주이지만 우리 인간이 알아야 인간의 운명개척을 해 나갈 수 있기 때문이다.

 그러면 이렇게 끝없이 넓고 큰 우주공간에는 무엇이 있는지 참으로 궁금하고 두렵기까지 하다.

 그간 우리 인간은 이렇게 끝없이 크고 광활한 우주공간을 속속들이 알아보려고 무한한 노력을 해 왔다. 그 결과 크게 걱정을 안해도 된다는 결론을 내 놓고 있다.

그렇게 한없이 크고 광활한 우주공간을 속속들이 뒤져 봤지만 전체 우주물질의 96%는 암흑물질과 암흑에너지 뿐이고 나머지 4%의 98%는 아주 단순한 6대 원소가 차지하고 있다는 것이 밝혀졌다. 즉 수소, 헤륨, 탄소, 산소, 질소, 네온 등 6대원소가 전체 우주물질의 98%를 차지하고 있다는 것을 확인한 것이다.

그런데 이 조그만 지구에는 자연적으로 존재하고 있는 원소만 92개나 되고 그간 우리 인간이 만들어낸 것까지 합하면 112개 또는 115나 된다.

그리고 우리 인간이 가장 신비해 하고 고맙게 생각하고 있는 태양은 어떤것인지 조사해 봤더니 참으로 단순한 존재라는 것이 밝혀 졌다.

태양은 수소 92.6%, 헤륨 7.3%, 기타원소 0.1% 등으로 되어 있다. 얼마나 단순한 존재인가를 알수 있다.

그런데 태양은 태양중심에서 초당 6억5,700만톤의 수소핵(양성자)이 융합되면서 0.7%가 감소 되면서 1,600만℃의 열을 만들어 낸다. 핵융합이 일어날 때 실제적으로는 1억℃의 열을 내지만 태양내부에서는 tunnel 효과로 인해서 1,600만℃의 열만을 낸다. 이 태양의 열과 빛이 지구에 보내져서 우리 지구의 삼라만상의 조화를 이루는 고마운 세상을 만들어 주고 있다.

여기서 황장엽 선생의 강의를 들어보자.

〈세계의 일반적 특징〉

〈2007. 3. 14강의〉

세계란 무엇인가? 사람 밖에 존재하는 세계가 어떤 특징을 가지고 있는가? 이 문제에 대해서 옛날부터 철학자들은 물론 보통 사람들도 관심을 가져 왔습니다. 특히 세계의 기본이 되는 원소란 무엇인가? 동양에서 철학이 제일 발전된 나라인 중국에서는 소위 음양오행설이 나왔습니다. 한 2,200~2,300년 전 혹은 2,500년 전이라고 해도 괜찮습니다. 그때 음양오행설이 나왔습니다. 우주는 음기와 양기 두 개의 기로 형성되었는데 이 두기가 서로 결합되어서 5행이 되었습니다. 5가지의 기본 존재의 형태가 나오게 되었다는 것입니다. 그것이 金,木,水,火,土로 오행이라 합니다.

음양을 나눔 때 음기를 대표하는 것이 水, 음기가 약한 것이 金, 양기를 대표하는 것이 火, 양기가 약한 것이 木, 그리고 중간은 土, 이렇게 오행을 말했습니다.

이것을 가지고 점도 치곤 했는데 물론 맞지는 않지만 그때는 그런 것들도 했지요.

그리스에서는 물이 기본이다. 또는 불이 기본이다 등으로 얘기하다가 다음에는 무한한 것이라고 논의하다가 말았습니다. 그런 의미에서 보면 동양 철학이 서양 철학보다는 좀 앞섰다고 볼 수 있습니다. 음양오행설은 상당히 앞선 학설입니다. 이런 것이 모두 세계가 무엇인가에 과심을 가지면서 사람들이 생각해 낸 것입니다. 과학이 상당히 발전된 현재 우리는 세계를 어떻게 봐야 되겠는가?

크게 두 가지 견해가 있습니다. 유물론과 관념론. 유물론은 자연과 같은 물질세계이며, 정신은 물질의 반영이고 그림자에 지나지 않는다고 합니다. 관념론은 모든 존재의 본질은 정신이다. 정신이 물질적 형태로 나타나고 물질을 지배하는 것은 정신이라고 주장했습니다.

그래서 오랫동안 유물론과 관념론이 대립되어 논쟁해 왔습니다. 이 문제에 대해서만 먼저 얘기한다면 지금까지 유물론자들은 물질이란 객관적으로 존재하는 것이 물질이며, 객관적으로 존재하는 것은 물질밖에 없다고 했습니다. 물질적 특성으로 객관적 존재성만 강조 했습니다.

우리의 인간중심철학은 1. 물질은 객관적으로 존재할 뿐 아니라 사람의 의사와는 독립적으로 객관적으로 존재한다. 2. 자기를 보존하려는 성질을 가지고 있다. 3. 자기를 보존하려는 성질에 따라서 운동을 한다. 4. 자기를 보존하려는 운동의 능동성, 주동성이 자꾸 높아감에 따라 생명과 정신이 나온다. 그렇기 때문에 정신의 기초도 물질적 존재가 가지고 있다고 보고 있습니다. 그런 의미에서 내가 주장하는 인간중심철학은 종래의 유물론과도, 관념론과도 다릅니다. 존재의 기초에는 관념으로 발전할수 있는 성질도 있고, 객관적인 존재로서 계속 발전할수 있는 특질도 있다는 것입니다.

물질의 최소 단위를 원소라고 합니다. 자연 발생적으로 존재하는 원소는 92개인데 인공적으로 만든 것까지 합하게 되면 111개입니다. 원자는 원자핵과 전자로 구성되어 있습니다. 핵을 이루는 입자는 양성자와 중성자, 두가지입니다.

이 양성자와 중성자는 핵자인데 양성자의 핵자가 몇 개 들어가 있는가에 따라서 원자들의 무게가 결정됩니다. 핵자(폴루토늄)는 전자에 비해서 1,840배 무겁습니다. 제일 단순한 원소가 수소인데 수소의 핵이 폴루토늄입니다. 즉 양성자입니다. 수소주위를 감싸고 있는 전자가 하나 있습니다. 그 전자에 비해서 폴루토늄은 1,840배 무겁습니다. 원자의 핵이 몇 개 들어가 있느냐? 제일 많이 들어가 있는 것이 우라늄입니다.

우라늄 238은 핵자가 238개 들어가 있다는 것을 말합니다. 그만큼 무겁습니다. 금은 핵이 29개 들어가 있습니다. 그렇기 때문에 우라늄보다 훨씬 가볍습니다. 철이 제일 안정된 원소입니다. 그것은 핵이 12개 들어가 있습니다. 그러니까 핵이 몇 개 들가 있는가에 따라서 그 원소들의 무게가 결정됩니다.

이러한 구조는 눈으로 볼 수 없는 미시 세계입니다. 이런 미시 세계의 구조가 원자핵과 전자로 이루어져 있습니다.

거시 세계는 천체들, 태양과 그것을 돌고 있는 행성, 또 행성을 돌고 있는 위성, 이런 구조로 되어 있습니다. 태양의 주위를 행성이 지금까지는 9개가 돈다고 했는데 명왕성은 행성자격이 없다고 해서 요즘은 그것이 박탈당했다고 하여 8개가 돈다고 볼수 있습니다. 제일 가까운 것이 수성이고 그다음이 금성이고, 그다음이 지구입니다. 그리고 화성입니다. 이 화성까지는 지구형의 천체들입니다.

화성은 지구의 1/2, 금성은 지구의 90%, 수성은 지구보다 훨씬 작습니다. 그런데 태양에 제일 가까워서 생물이 지금 존재할 수가 없습니다. 금성도 생물이 존재하지 못합니다. 금성의 온도는 한 200도 가량 되기 때문입니다.

　지구의 주위를 도는 것이 위성인데 그것이 달입니다. 달은 질량으로 보면 지구의 1/81입니다. 부피는 1/5입니다. 다른 위성(행성)에 비해서 예외적으로 큽니다.

　태양은 태양계의 질량의 99.87%까지 다 태양이 점령하고 있습니다. 그 주위를 도는 모든 혜성까지 다 합쳐도 0,13%밖엔 안 됩니다. 태양은 지구의 333,000배입니다. 그러니까 원자핵이 전자보다 무거운 것이 1,840배라고 하는데 그것보다 훨씬 더 무겁습니다.

　천체로서의 물질적 존재의 구조는 태양(항성)을 중심으로 해서 본 것이 하나의 단위입니다. 항성(태양)이 속해 있는 천체의 집단을 은하계라고 하는데, 우리 지구에서 보는 은하수는 은하계 우주에서 별들이 집중되어 있는것입니다. 한 4만 광년을 반경으로 해서 기본 별들이 집중되어 있습니다. 다른 곳에서는 은하계라고 하는데 우리는 이것을 은하수가 있기 때문에 은하수계 우주라고 합니다. 직경은 10만 광년이며, 태양과 같이 불타는 별(항성)이 한 3,000억개 됩니다.

　지구와 같은 성격을 가지고 있는 천체가 과거에는 약 10만 개 정도로 추측하였는데 요즘은 1,000만개 쯤 된다고 합니다. 그래도 3,000억 개에 비하면 1,000만개는 얼마 안되는 것입니다. 그러면 더 큰 우주는 얼마나 큰가? 200억 광년입니다. 또 은하계라고 하는 것이 한 200만 광년을 거리를 두고서 분포되어 있는데 그것이 대체로 한 2,000억 개입니다.

묘한 것은 원자인 경우에는 원자핵을 전자가 돌고 있고 태양계는 태양의 중심을 다른 천체가 돌고 있고, 태양은 또 은하계의 중심을 돕니다. 은하계도 은하단이 큰 것이 있어서 1,000만 광년쯤 되는 그런 단이 있는데, 거기에 은하가 10,000개쯤의 은하단이 있습니다. 한번 도는데 1만 억 광년 걸립니다. 태양이 은하계를 한번 도는데 2억 3,000만 년 걸립니다. 초속 250㎞,속도로 돕니다.

그러면 우주는 무한한가, 유한한가? 그것은 알 수 없습니다. 공간적으로는 무한합니다. 그렇지만 그 공간에 물질이 다 존재하는가는 알수가 없습니다. 존재 안 할 수도 있습니다.

그러나 우리가 생각하는 200억 광년 내에는 물질이 존재합니다. 200억 광년 밖에는, 즉 대우주 밖에는 무엇이 있겠는가? 그것은 또 은하계가 200억 광년의 간격으로 분포되어 있는 것처럼 그렇게 큰 간격으로 있을 수 있습니다. 그러나 없을 수도 있습니다. 우리가 그것을 관측할 수가 없습니다. 빛을 가지고 관측하는데 관측할 수가 없습니다. 그래서 지금까지 우주는 유한하다, 무한하다고 자꾸 논의 했는데 200억 광년만 해도 무한한 것이 나 같지요.

그렇다면 이제 우주가 넓다, 물질이 많다는 것만 가지고 우리가 물질 세계의 특징을 논의할 것은 못됩니다. 잘량이 많다고 해서 그것이 반드시 발전된 존재는 아닙니다. 요즘은 빛을 통해서 볼 수 있는 물질보다도 볼 수 없는 암흑 물질이 더 많습니다. 더 많을 뿐만 아니라 96%는 암흑 물질과 암흑 에너지입니다. 우기가 말하는 은하계라던가 이런 것들을 다 합해도 4%밖에는 안됩니다. 그렇게 안하고서는 암흑 물질이라고 하는 것은 실험적으로는 모르지요. 하지만 그것을 상정하지 않고서는 인력 관계를 계산할 수가 없습니다. 인력이 작용하는 것을 보면 그만한 보이지 않는 물질이 있습니다. 그러면 이 지구라고 하는 것은 사실 양적으로 볼 때는 보잘 것 없습니다. 또 그 가운데서 인간은 얼마 안 되는데 양적으로 볼 때 도저히 비교가 안 되지요.

그래서 양적으로 생각하면 우리 인간의 존재는 아무 것도 아닙니다. 그 전에 작다고 하는 것을 창해지일석(滄海之一石)이라고 했어요. 푸른 바다 가운데에 있는 좁쌀 하나와 같다는 말입니다. 지구, 그 가운데서도 사람은 창해지일석도 못 되지요. 그러나 가장 발전된 존재입니다.

우리가 볼 수 있는 우주 물질의 98%는 단순한 물질들입니다. 제일 많은 것이 수소, 다음은 헬륨, 탄소, 산소, 질소 마지막 6번째가 네온입니다. 이것들이 모든 원소의 98%를 차지하고 있습니다. 그렇기 때문에 우주가 넓고 물질이 많다고 해서 놀랄 필요가 하나도 없습니다.

그러면 이 우주가 어떻게 발생했는가? 요즘 여기에 대해서는 우주 폭발설을 주장하는 사람들이 많습니다. NASA에서 관측해서 발표한 것에 의하면 137억년 전에 대폭발이 일어났다고 합니다. 그때 온도가 10조℃였다고 합니다. 1조는 만×만(10,000×10,000)입니다. 밀도는 얼마나 되는지 알 재간이 없지요. 고온 고밀도 생태에서 폭발이 일어났습니다. 이 사람들이 여러 가지 계산을 했는데 지금 자꾸 팽창되어 나가는 것을 역계산해서 올라오면 137억년 전에 폭발되었다는 것입니다.

왜 폭발되었는가 하는 것은 자연 과학자들은 형상만 가지고 얘기하기 때문에 똑똑한 이론을 잘 내지 못합니다. 예를 들어서 그들은 폭발이 일어난 지 마이너스 44자승(-44승) 분의 1초 때에야 인력이 발생했다고 보고 있습니다.

그러니까 1초에 0이 44개 달린 분의 1초, 그때 비로소 인력이 발생했다고 보고 있습니다. 인력 때문에 폭발도 일어났고 청력 때문에 폭발도 일어났다고 봐야 되겠는데, 지금 자연 과학자들은 이 현상을 자꾸 계산하기 때문에 그렇습니다. 그래서 심지어는 양자론 같은 데서는 무에서 유가 나왔다고까지 말하고 있습니다. 있을 수가 없습니다. 무에서 어떻게 유가 나오겠는가? 그 무슨 다른 형태의 물질이 있어서 그렇게는 나올 수 있어도 무에서 유가 나온다면 아무 질서도 없게 되고 과학도 성립 안되지요. 이런 얘기는 아예 듣지 마십시오. 과학한다면서 상세성 원리요 하면서 시간과 공간은 상대성이요 하는데 공간이야 무한하지요. 물질이 차 있는 공간의 인력에 따라서 그 공간이 휘기도 하기 때문에 그 공간의 성격, 시간의 성격 이런 것들은 물질의 존재와 결부되어 있고 물질의 운동과 결부되어 있습니다. 그러나 그냥 공간이다, 그냥 공간이 상대적으로 있다고 하면 말도 안 되는 것 아닙니까? 그런 것을 가지고 과학을 하는 사람들이 그런 소리를 자꾸 하고 있어요. 그래서 우리는 젊어서부터 이 상대성원리에 대해서 소련에 가서 대가들의 연설을 들어봐도 그런 숫자를 가지고 얘기만 하기 때문에 무슨 소리인지 몰랐어요. 그러니까 우주가 유한한가, 무한한가 하는 문제는 공간이 무한한가, 공간도 제한이 있는가 하는 문제로 생각해서는 안됩니다. 공간은 무한합니다. 그 공간의 200억 광년 밖의 공간에도 물질이 있는지 없는지 모릅니다. 우리가 알 수 없습니다. 그러나 그 밖에도 물질이 있다고 해도 좋고 없다고 해도 문제될 것이 없습니다.

그런데 마르크스주의자들은 우주가 유한하다 하면 관념론이라고 합니다. 왜 관념론이라고 해요? 말도 안 되는 소리입니다. 유한해도 좋고 무한해도 좋은데 넓이는 지금 우리가 관측할 수 있는 정도의 넓이는 200억 광년입니다. 자꾸 팽창해 나가기 때문에 100억 년후에는 팽창하는 속도가 빛의 속도와 같이 됩니다. 그렇기 때문에 빛이 따라 갈 수가 없게 됩니다. 물론 그렇게 되면 앞으로 이것을 관측을 못하겠는가? 그렇지는 않지요.

앞으로 우리가 관측하는 수단이 자꾸 발전하게 된다면 말입니다. 그래서 굳이 신비화할 필요가 없습니다. 제일 발전된 존재가 인간이다. 또 이렇게 넓은 우주에 인간이 여기에만 있겠는가? 단언할 수는 없지만 우리가 지금까지의 과학적인 지식을 가지고 판단하면 여기 밖에 없다고 말할 수 있습니다.

왜 그런가? 과학자들이 여러 가지 실험을 해봅니다. 생명체를 구성하고 있는 뉴크리오지트라는 물질이 있는데 이것들이 자꾸 결합되어 생명체가 나오게 되었는데, 그런 것들을 원시 상태의 정형을 만들어 가지고서 계속 실험을 해봅니다. 자연 발생적으로 생명세포가 나오겠는가 하는 실험을 해봅니다. 확률은 마이너스 30제곱 분의 1(1/-30제곱). 그러니까 0이 30개 달린 것의 1번 쯤 된다는 것입니다. 그것을 다른 식으로 말하면 지구와 같은 생명이 발생할 수 있는 그런 천체가 10억×10억(100만조)배의 지구에서 10억×10억 배의 연한에 걸쳐서 10억×10

억 배의 실험을 거쳐도 생명물질이 한 번 나올까 말까 합니다. 그렇기 때문에 폭발이 되어서 이제 137억 년 밖에는 안 되었는데 100만 조 년에 걸쳐서 한 번 나올까 말까 한 일이 두 번 나왔다고 하기는 곤란합니다. 사람이 다른 곳에 있다면 더 좋고. 나쁠 것이 없습니다.

미친 사람들은 그 사람들과 전쟁하지 않겠는가 하는데 무슨 전쟁을 하겠어요? 지금 현재로서는 사람 밖에는 없습니다. 이성적인 존재, 사회적 존재는 사람 밖에는 없다는 것입니다. 그렇기 때문에 사람이 귀중하고 사람의 역사적 사명이 크다는 것을 말할 수 있습니다.

물질세계의 일반적인 특징을 개괄해서 말하면 이상과 같이 말할 수 있습니다.

질문 : 은하계는 자전 공전을 다 합니까?

답변 : 모든 물질은 자전과 공전을 합니다. 지구도 자전하고 태양도 자전하면서 또 중심을 돌지요. 그런데 원자를 구성하고 있는 여러개의 소립자들도 있는데 이것들도 자체를 돕니다. 그것을 Spin이라고 합니다. 광선에는 광립자가 있는데 이것도 돕니다. 돌면서 또 빨리 달립니다. 왜 도는가? 자기의 독자성을 보존하기 위해서 돕니다.

태양을 신비화할 필요는 없어요. 지구에 비하면 더 단순합니다. 물질이 10만°C 이상 되면 다 흩어집니다. 물질의 존재는 고체,액체,기체로

되는데 어떤 물질도 일정한 정도

 냉각시키게 되면 다 고체로 변합니다. 그러니까 열에 따라서 고체, 액체, 기체로 되는데 10만℃이상 되면 플라즈마 상태라고 합니다. 플라즈마 상태란 원자핵과 그것을 도는 전자가 분리되는 상태를 말합니다. 그것을 기체라고 말할 수 없습니다. 태양은 그러한 플라즈마 상태입니다.

 태양의 내부 온도는 1,600만℃, 외부 온도는 7,000℃입니다. 태양을 신비화할 필요가 하나도 없습니다. 과거에는 그 열이 어떻게 해서 나오는지를 몰랐는데 1938년에 알게 되었습니다. 그것은 태양의 심부에 있는 핵이 융합되는 데서 나오는 것입니다.

 핵이 융합되면 질량이 0.7%, 7/1,000로 줄어듭니다. 그것이 매 초 6억5,700만톤의 플루토늄이 결합되어 열이 나옵니다. 이 열이 태양의 심부로부터 외부로 나오는데 100만 년에서 늦게는 1,000만 년 걸립니다. 이 원리로 지금 우리가 인공적으로 핵융합을 할 수 있게 되었습니다. 다만 핵융합이 될 때는 열이 1억℃ 정도까지 올라가야 합니다. 그러나 태양 심부에서는 1억℃가 안 되어도 태양 내부의 tunnel 효과로 1,600만℃에서도 결합이 되는 것입니다.

 결합하려면 결합하려는 힘의 1,000배의 힘으로 그것을 배척합니다. 그래서 그 1,000배의 힘으로 배척하는 것을 이기려면 열이 높고 압력이 더 강해야 합니다. 태양내부의 압력은 2,500억 기압이고 온도는 1,600만℃입니다. 여기서 핵융합이 진행됩니다. 우리 지구에서 핵융합을 시키려면 1억℃의 열을 내야 합니다. 1억℃ 가까이 열을 내게 하는 것이 원자탄입니다. 원자탄은 결합시키는 것에서 질량이 열로 변하는 것이 아니고 우라늄을 분열시키는 것에서 질량이 0.1%줄면서 1억℃의 열이 발생합니다. 우라늄은 대체로 238입니다. 그런데 우라늄 235가 있습니다. 우라늄 235가 1/140 정도 됩니다. 그래서 이것을 농축하지 않으면 안 됩니다. 우라늄을 농축해서 235를 골라내야 합니다. 235로 골라서 일정한 정도로 모으면 자동 분열됩니다. 분열되면서 0.1%의 질량이 줄면서 열을 발생합니다. 1g의 질량을 완전히 태워서 융합하면 215억 kcal가 됩니다. 즉 질량이 에너지로 변하고 에너지가 질량으로 변할 수 있습니다.

플루토늄은 우라늄을 2번 재가공해야 됩니다. 재처리라고 하는 것이 그것입니다. 몇 번을 재탕해야 하는데 그 플루토늄은 자연 발생적으로 존재하는 것이 아닙니다. 이렇게 재탕을 하면 우라늄 239가 되고 이것을 우라늄 235와 같이 일정한 양만 모아 놓으면 자연 분열됩니다. 이것을 이용하는 것이 원자탄입니다.

삼중 수소라는 것이 있습니다. 삼중 수소는 수소 원자 1개에 중성자 2개 들어가 있는 것입니다. 이것은 불이 아주 잘 붙습니다. 100g의 삼중 수소를 만들려면 1억 달러가 듭니다. 그러데 삼중 수소는 12년밖에는 자연적으로 존재하지 못합니다. 여기에 중수소 1t과 삼중 수소 100g을 합하면 소소탄이 됩니다. 수소탄이 되면 원자탄 1,000배의 위력이 나옵니다. 히로시마에 처음으로 사용한 것이 원자탄인데 그것의 1,000배의 위력을 갖는 것이 수소탄입니다. 수소탄을 만드는 데 소련 사람이 만드는 것하고 미국 사람이 만드는 것이 좀 다릅니다. 소련 사람들은 중수소에 리튬을 결합시켜 핵폭탄을 만들었습니다.

지금 한참 핵융합 연구가 진행되고 있는데 힘든 것은 그렇게 높은 온도를 용기에 넣어서 쌀 수가 없어요. 자석을 이용해서 싸지 않고서도 1억5,000만℃까지 올라가게 만들었어요. 그것을 어떻게 평화적으로 이용하겠는가 하는 기술 문제가 아직 해결되지 않아서 쓰지 못하고 있습니다. 내가 북한에 있을 때만 해도 한 15년이면 완성될 것이라고 했는데 지금도 안 되고 있어요. 내가 온지 10년이 벌써 넘었는데.

바닷물에 자연 발생적으로 존재하는 중수소가 1/6,000쯤 있습니다. 이것만 가지고도 전체 바닷물을 원유로 환산한 것의 400배의 에너지를 얻을 수 있습니다. 이 기술만 성공하면 당분간은 에너지 걱정은 없게 됩니다. 공해도 없고 자동차도 손톱만한 전지 하나로 다 망가질 때까지 사용할 수 있게 됩니다. 이렇게 되면 지구는 사람이 완전히 지배할 수 있게 됩니다. 사막도 없앨 수 있고 남극과 북극을 다 쓸 수 있게 만듭니다. 따라서 앞으로 세계를 민주화하는데 결정적인 기술적 요구는 핵융합 문제입니다.

다음은 물질의 질량과 부피가 얼마나 큰 차이가 있는가를 예로 들면, 태양보다 약 10배 무거운 질량(태양은 항성들 가운데서 중급임. 태양보다 작은 것도 있고 큰 것도 있음. 클수록 오래 살지 못함. 태양의 수명은 약 100억년. 클수록 수명이 짧아짐)은 큰 만큼 내부의 압력이 몇 배 더 강해집니다. 그리고 압력이 강하면 그만큼 내부의 열이 높아집니다. 그러면 태양에서는 수소가 결합되지만 그때는 헬륨이 결합되어서 탄소가 됩니다. 그렇게 자꾸 더 다른 물질들이 융합되어서 마지막에는 철이 됩니다. 철이 제일 안정된 원소입니다. 철이 되면 내부의 온도가 높아도 융합이 안 됩니다. 융합이 안 되면 열을 내지 못합니다. 안에서 열을 내어 떠받들어야 외부의 압력과 밸런스가 맞는데 위로 올리는 힘은 없고 아래로 내리는 압력밖에 없기 때문에 입력을 이기지 못해서 자꾸 줄어듭니다. 그래서 자꾸 압축됩니다. 압축이 반복된 상태가 중성자별입니다. 이때는 겨우 전자들이 빠져나가지 못해서 짬에 끼워 있는데, 그때 중성자별의 무게는 여기서 물 1g이 거기서는 10억 톤으로 압축됩니다. 그런데 그것이 더 압축되면 블랙홀입니다. 블랙홀이란 압축되어 완전히 저항하는 힘이 없어지게 된 것입니다. 지구를 블랙홀로 만들면 반경이 9㎜정도 됩니다. 그러니까 압축되고 또 압축되면 부피가 매우 작아집니다. 원자핵만으로 다져지면 원자로 다져진 부피의 100조분의 1입니다. 1,000달러 지폐를 1조장을 합하게 되면 208㎞가 됩니다.

그래서 100조분의 1은 대단한 것입니다. 그런데 원자핵은 3개의 입자로 구성되어 있는데 그 거리가 태양과 지구의 거리보다도 상대적으로 볼 때는 훨씬 더 큽니다. 또 그것이 압축되면 또 몇 100조 분의 1이 됩니다. 그렇기 때문에 블랙홀이라고 하는 것은 대단히 밀도가 높은 것입니다. 그런데 이것이 때때로 없어집니다. 없어지면 어디로 가겠는가? 이것이 아마 암흑 물질 쪽으로 넘어가지 않겠는가 하고 생각합니다.

그래서 지금 논의가 많지요.

인간으로서 자존심을 가지라는 말입니다. 다른 것이 아니라 자꾸 높다, 넓다, 해와 달이 다 하도록 하는 쓸데없는 생각하지 말고 인간이 가장 위대하다 하는 것입니다.

물론 아직 인간의 힘은 크지 못하지만 인간보다 더 발전된 존재는 없다는 것입니다.

그래서 인간이 신비롭게 생각할 것은 없습니다. 자꾸 신비화 할 필요가 없습니다.

상대성 원리를 주장하는 사람들에 의하면 빛의 속도에 가까운 로켓을 타고 1년 동안 여행을 한다면, 그 속도(운동하는)가 **빠를수록 중력이 강화됩니다.** 중력이 강화될수록 시간은 더디게 흐릅니다. 냉동고에서 사람을 냉동시키면 대체로 심장이 1분 동안에 70번 뛰는 것이 7번 밖에 안 뛰게 됩니다. 그냥 생명만 붙어있게 됩니다. 그런 것처럼 아주 빛의 속도에 가깝게 돌면 빈사 상태가 됩니다. 그렇게 1년을 돌고 오면 여기는 37년이 흐릅니다. 그렇게 될 수 있습니다. 빠른 속도가 되면 물질의 운동이 그만큼 더디게 흐릅니다. 이것을 자꾸 시계가 다르다 하니까 알 재간이 있어요? 그러니까 중력과 시간의 흐름이 어떤 관계인가 하는 것이 상대성 원리입니다. 길이도 속도와 관계되어있고, 물은 아무것도 아닌 것 같지만 압축되면 쇠도 뚫을 수 있고 빛도 압축되면 쇠를 뚫을 수 있습니다. 이런 관계가 상대성인데 이것을 자꾸 신비화 하니까 알 재간이 없게 됩니다. 사실 단순하게 하면 상식적으로 다 알 수 있는 문제들을 자꾸 힘들게 수식만 가지고 쓰니까 모르는 것입니다.

그저 사람이 제일 위대하다는 것, 그래서 사람으로서 태어났다는 것이 무한한 영광이고, 그런 만큼 일생을 뜻 깊게 보내야 된다는 것, 또 사람의 미래는 영원히 발전할 수 있는 미래를 가지고 있다는 것 등을 알기 위해 처음으로 세계관으로서 이 문제를 취급하게 되었습니다.

이 다음은 인간의 본질적 특징이 무엇인가? 인간이 어떻게 해서 발생했고, 어떻게 발전할 것인가 하는 문제들을 취급하자고 합니다.

한국의 인텔리라는 사람들은 사회 과학이면 사회 과학밖에 모르고, 자연 과학에 대한 지식이 상식적인 것 까지 모릅니다.

내가 1953년 말에 소련에서 돌아와 보니 자꾸 누에알에서 금붕어가 나왔다고 그래요. 그런 것이 있을 수 있나 했어요. 전혀 상식이 없어요. 또 UFO다라고 하고. 내가 저기 있을 때도 오진우가 사진이 다 있는데 해요. 그래서 사진이 다 무어요. 그것은 정감록을 믿는 것이나 마찬가지요 라고 했습니다. 있을 수가 없지요. 제일 가까운 항성이 빛의 속도로 4광년 걸리는데 속도가 몇 마일이라는 UFO 있다고 하는 것은 상상도 할 수 없는 일이지요. 그런 상식과 어긋나는 말을 얘기하고 있습니다. UN도 무식한 놈들이 많이 모여 있습니다. 그래서 유네스코 산하에 UFO 연구하는 것이 있는 것입니다.

우리는 우리 민족의 운명을 개척해 나가야 합니다. 이렇게 잘 발전시킨 것을 김정일에게 넘겨주어야 되겠어요? 그것이 나쁘다는 것을 잘 모릅니다.

둘째 : 인간의 본질적 특성

 이 세상, 이 세계에서 살아가고 있는 우리 인간자신은 무엇인지 알아야 한다. 즉 인간의 본질적 특성은 무엇인지 끝없이 연구해야 한다.
 인간은 언제 어떻게 탄생되었으며 어떻게 발전되어 오늘의 발전된 인간으로까지 되었는가 하는 인간만이 가지고 있는 본질적 특성을 연구하고 탐구해서 인간의 운명개척의 길을 밝혀 나가야 한다.

 우리 인류가 계속 살아가고 발전해 가기 위해서는 인간 외의 외부 세계만을 알면 다 해결이 되겠는가? 그렇지 않다. 그보다 더 중요하고 더 현실적인 문제는 개개 인간들의 행복한 삶의 문제를 해결하고 발전시켜나가는 것이다.
 그래서 우리 인간 자체가 어떤 존재인가 하는 것을 알아야 한다.

 인간중심철학에서는 인간은 자연의 진화 과정에서 발생하였지만 자연의 예속으로부터 벗어나 자체의 창조적 힘으로 자기의 생존과 발전을 실현해나갈 수 있는 자주적인 조재라고 규명하고 있다. 이와같은 자주적 존재인 인간이 탄생된 것은 세계의 진화 발전 과정에서 볼 때 획기적인 대 사변이다.

자연의 필연적인 운동 변화 법칙에 따라 통일되어 있던 세계질서에서 자연의 운동 변화 법칙에 맞서서 자체의 힘으로 생존하고 발전할 수 있는 자주적인 존재, 즉 자연 세계와 대립되는 존재가 발생하게 되었다는 것은 큰 사변이 아닐 수 없다.

뿐만 아니라 현재의 우리 인간은 탄생되었을 때와 똑같은 존재인가 아니면 계속 변화 발전되어와서 오늘의 인간이 되었는가? 그렇다면 태초에 인간이 탄생되었을 때는 어떤 수준의 인간이었고 지금 현재의 인간까지 진화 발전되어온 원리는 과연 무엇인가? 진화 발전되어 왔다면 다른 생명체도 인간과 같이 진화 발전될 수 있지 않겠는가?

또 오늘의 인간은 어떤 사회를 구성하고 있고 인간사회

의 발전과 앞으로의 발전방향과 발전 수준은 어디까지일까? 특히 인간이 이렇게 다른 동물이나 생명체에서 볼 수 없는 놀라운 발전을 해왔는데 그 발전의 원인, 원리는 무엇인가?

그리고 우리 인간이 이룩한 오늘의 과학 문명은 어디까지 발전할 것인가? 특히 이렇게 인간이 발전할 수 있게 된 가장 큰 요인인 인간만이 가지고 있는 정신은 과 연 무엇인가? 왜 다른 생명체, 동물, 식물들은 정신이 없는가? 동물, 식물들도 정신을 가지고 있는데 우리 인간이 알수 없는 것은 아닌가? 이와 같이 인간의 운명개척을 위해서는 인간 자체에 대해서도 끝없이 연구하고 규명해 나가야 한다.

「인간의 본질적 특징」

(2007. 3. 21 황장엽선생 강의)

두 가지 측면만 이야기하려고 합니다. 인간이란 무엇인가? 인간의 본질적 특징이 무엇인가?

첫째, 동물과의 관계에서 근본적 차이가 어디 있는가? 지금 학자들이 연구해서 이야기하고 있는 것은 지구가 약 45억 년 전에 형성되었다고 보고 있습니다. 그리고 10억 년 동안은 무생명 물질들이 진화해 가는 과정을 거친 것으로 봅니다. 생명이 발생되지 않고 단순한 물질이 서로 결합되면서 복잡한 유기 물질로 진화해 나가는 과정으로 보고 있습니다. 지금부터 약 35억 년 전부터 가장 단순한 생명 물질이 나오게 되었다고 주장합니다. 이것이 진화하는 과정에서 포유동물이 나오고 포유동물이 발전하는 과정에 영장류(원숭이과)가 나오게 되었습니다. 일부 학자들의 주장에 의하면 지금 유인원과 우리 인간의 선조들이 갈라진 것도 1000만 년~1500만 년 전까지 보고 있습니다. 지금 우리 인간과 제일 가까운 것이 침팬지인데 요즘 그 차이가 얼마인가 하는 연구도 많이 하고 있습니다. 그러나 그 선조들이 갈라진 것은 약 1000만 년 전이라고 봅니다.

여기서 우리가 제일 가까운 유인원과 인간의 차이를 보면, 물론 공통점도 많지만 크게 나누면 유인원까지만 해도 이것은 생물학적 존재입니다. 생물학적 존재란 생물학적 방법으로 연구할 수 있는 대상을 말합니다. 그것은 역시 자연의 한 부분입니다.

즉 자연이 변화해 가는 것과 운명을 같이하는 존재라는 것입니다. 그러나 이와는 달리 인간은 사회적 존재입니다. 자연적으로 발생해서 진화 발전해 왔지만 자연과 운명을 같이 하는 것이 아니라 인간은 자연을 이용하면서 자기의 발전 법칙에 따라서 계속 발전해 나가는 사회적 존재입니다.

자연적 존재인 동물은 자기의 생명력을 자기의 몸에만 체현하고 있습니다. 따라서 동물은 생리적인 과정, 그의 생물학적 존재로서의 특징을 연구하면 어떤 능력, 어떤 성격을 가진 것인가 명백히 들어납니다. 왜냐하면 그것이 가지고 있는 생명력을 육체에만 체현하고 있기 때문에 육체를 잘 해부해 보면 어떤 특성을 가지고 있는 동물인가 하는 것이 나타납니다. 이와 달리 인간은 육체에만 생명력을 체현하는 것이 아니기 때문에 육체만을 생물학적으로 연구해도 인간의 본질적 특징이 나오지 않습니다.

동물과 인간은 육체를 가지고 있다하는데서 생리적인 특징에서도 공통적인 특징을 많이 가지고 있습니다. 그러나 가장 뚜렷한 차이는 인간에게는 생명력, 생활력을 객관적인 대상에 체현시켜서 그것을 자기 몸과 같이 이용하는 것입니다. 그러니까 동물이 가지고 있지 못한 객관화된 생활력, 객관적인 대상에 체현시킨 생활력을 이용합니다. 객관화된 생활력을 혼자만 이용하는 것이 아니라 집단이 사회적으로 공동으로 이용합니다.

제일 처음에 생긴 것은 노동 도구입니다. 지금은 큰 공장, 기계, 기술 수단 등으로 객관화되었고 사람이 노동하는 것보다는 공장 기계들이 노동을 대신 합니다. 즉 인간의 생활력을 기계 수단들, 기술 수단들이 체현하고 작용합니다. 이보다 앞서 객관화된 것은 언어입니다. 두뇌에서 외부 세계를 인식하고 그것을 참고로 해서 행동하는 것은 동물도 합니다. 개도 한 번 갔던 길은 그것을 기억해서 찾아갑니다. 또 그것을 일정한 정도로 표현도 합니다. 그러나 정도가 다르지요. 독일의 어떤 개만 연구하는 사람은 다니면서 어떻게 하면 개가 잘 따라온다고 합니다. 그러나 몇 개 신호에 불과합니다. 인간은 두뇌에서 인식한 것을 객관화합니다. 처음에는 언어에다 객관화해서 집단이 공동으로 사용합니다. 책이다 할 때, 이 책을 한 사람만 책이라고 생각하는 것이 아니고 책이란 말을 가지고서 그 집단이 다 책이라고 인식합니다. 자기가 얻은 지식을 써낼 수 있고, 기록할 수 있고, 말로 할 수 있고, 그래서 이것은 정신력을 객관화하고 객관적인 대상에 체현시켜서 이용하니까 동시에 사회화됩니다. 객관화와 사회화는 뗄 수 없는 관계입니다. 객관화하지 않고서는 사회화할 수 없습니다. 동물들의 사이에도 관계가 있지만 그것은 본능적인 관계입니다. 그러나 사람과 사람과의 관계도 객관화합니다. 복잡하게 되면 사람과 사람과의 관계는 법률적으로, 사회 제도로서 객관화되고 사회화되어 대를 이어가면서 이용합니다.

인간의 생활력은 정신적 생활력, 물질적 생활력, 사회적 협조의 생활력 등 세 가지가 있는데 이것이 다 객관화되고 또 객관화됨으로써 사회화됩니다. 이것도 이전에는 이렇게 설명을 한 것이 없습니다.

마르크스주의가 인간에 대해서 이야기할 때는 두 가지로 이야기했습니다.

1. 인간은 노동 도구를 제작해서 이용하는 동물이다. 그것이 인간에 대한 하나의 정의였습니다. 인간이 동물과 다른 점이 어디 있는가? 노동 도구를 제작해서 사용하는 동물이 인간이라고 규정했습니다.

2. 다른 하나는 인간의 본질은(인간이란 이렇게 하지 않고) 생산 관계의 총체이다. 이런 식으로 정의했어요. 그것은 무슨 의미인가 하면 사람의 본성은 생산 관계가 변함에 따라서 달라진다. 그렇기 때문에 인간의 본질(본성)은 생산 관계의 총체이다. 마르크스는 그것을 사회적 관계의 총체라고 했습니다.

이것을 확고하게 인간과 동물을 갈라놓고, 인간은 사회적 존재라고 한 것은 인간중심철학뿐입니다. 마르크스주의에서 인간이 사회적 존재다라는 말은 인간이 사회적 관계를 맺고 사는 존재다라고 하는 의미에서 사회적 존재라는 것입니다.

이것이 조금 전문적인 지식에 속할 수 있지만 거기서 사회적 존재라고 한국말로 번역할 때는 두 가지 용어가 있습니다.

1. 나는 독일말로는 어떻게 표현하는지 모르겠는데 러시아 말로는

사람의 사회적 존재다. 사람의 의식과 정신은 사람의 사회적 존재를 반영한다고 말할 때의 사회적 존재라는 말과

2. 사람은 사회적 관계를 갖고 결합되어 사는 사회적 존재라고 하는 말과는 다릅니다.

그런데 보통 사람들이 이해하는 것은 사회적 관계를 맺고 있는 존재다라고 할 때 이런 의미에서 사회적 존재라는 말을 씁니다. 이 사회적 의식이 사회적 존재를 반영한다고 할 때는 사회적인 물질적 조건을 말합니다. 그렇게 쓰고 있는데 우리는 무엇이 다른가? 생활력을 객관화해서 사회적으로 만들었다, 사회적인 생활력으로 만들었다고 하는 것입니다. 정신적 생활력, 물질적 생활력, 사회적 협조의 생활력 등 이 세가지를 가지고 있는데, 이것이 사람의 몸에만 체현되어 있는 것이 아니라 객관적 대상에 체현시켜 그것을 이용합니다. 몸도 생물학적 존재인 동시에 사회적인 능력을 체현하고 있다는 점에서 사회적 존재입니다. 여기에 확실한 차이가 있습니다. 지금 인간이 가지고 있는 물질적 힘은 5,000년 전이나 지금이나 큰 차이가 없습니다. 몇 십만년 전이나 지금이나 큰 차이가 없습니다. 그러나 사회적 존재로서의 인간의 물질적 존재의 힘은 몇 만 배 성장했습니다. 그 전 사람들은 공중을 난다는 것은 도저히 상상할 수 없었습니다. 그런 것은 신화에나 나오는 것이었지만 지금은 비행기로써 또는 로켓으로써 어느 날짐승보다 더 빨리 더 높이

얼마든지 날 수 있습니다. 지금 인간이 가지고 있는 물질적 힘은 동물이 가지고 있는 물질적 힘, 또는 인간이 육체적으로 가지고 있는 물질적 힘의 몇 만 배, 수 천 만 배 됩니다.

왜 그런가? 물질적인 생활력을 객관화해서 사회적인 것으로 만들었기 때문입니다.

고등 동물들은, 개가 기억하고 있는 기억의 양은 그렇게 많지 못합니다. 또 우리가 원시 사회에서 가지고 있던 지식은 얼마 안 되었지만 그것이 축적되어서 오늘날 인간이 가지고 있는 정신적 생활력은 몇 만 배로 불어났습니다. 사회적으로 협력하는 것도 그렇습니다. 그때는 그저 본능적으로 협력했는데 이제는 사회 관계를 어떻게 협력 관계로 발전시킬 것인가 하는 것이 연구되고, 그것이 축적되어 민족의 단위를 넘어 전세계적인 범위에서 협조하는 관계로 발전했습니다. 이것이 사회적 존재입니다.

생활력, 살아나가는 힘을 객관화하는 방법으로 사회화했습니다. 이 사회적 존재라고 하는 것 사회적 재부(財富), 사회적 관계 이런 것을 떠나서 사람의 몸만을 분석해서는 인간의 본질적 특징을 알 수 없습니다.

생물학적 방법으로서는 인간이 얼마나 발전되었고, 인간의 위력이 얼마나 큰지를 알 수 없습니다. 생물학적으로는 다 비슷비슷해 보이지만 그 사람이 가지고 있는 능력의 차이, 그 사람의 도덕적인 높이, 이것들은 천양지차입니다. 겉만 보고는 알 수 없습니다. 그 사람의 사회적인 속성으로서의 사회적 정신, 의식을 얼마나 체현하고 있는가, 얼마나 공부했고 수양했는가, 이것은 사회적인 방법으로만 알 수 있습니다.

아무런 재산도 갖지 못하고 알몸만 가진 사람은 정신도 없고, 지식도 없고, 아무런 사회적 재부도 없고, 인간으로서의 결합되어 있는 사회 관계도 없는 사람은 동물과 같습니다. 사회적 존재라고 하는 것은 생명력, 생활력을 객관화하고 그것을 사회화해서 이용하기 때문에 사회적으로 계속 계승되어 나갑니다. 동물도 후천적으로 능력을 키울 수는 있는데 동물은 유전적 방법으로만 조금 계승됩니다. 그러니까 몇 만 년을 지나야 조금 유전해 나갈 수 있습니다. 인간은 그렇지 않습니다. 인간은 계속 축적해서 그것을 계승해서 대를 이어 발전시켜 나갑니다. 정신력도 계속 축적해서 계승되어 가고, 물질적 힘도 계속 축적해서 전달되고, 협력하는 힘도 대를 이어서 축적되어 갑니다. 그래서 동물과의 차이가 천양지 차이가 됩니다.

처음(태초) 그런 힘이 없을 때는 인간이 동물보다 크게 나은 것이 없었습니다. 오히려 미개했을 때는 산신령을 위한다면서 호랑이한테 무엇을 갖다 바치고 그랬어요.

공룡이 왜 다 없어졌겠는가? 빙하 시대가 어떻게 되었고, 운석이 어떻게 되었고 하는 등 여러 가지 학설이 있지만 공룡은 1억 3천만 년 동안 파충류가 세계에서 제일 발전되고 힘이 있는 동물이었습니다. 그때는 포유동물은 아직 발전하지 못했어요. 그때 세계를 지배할 수 있으려면 몸뚱이가 크지 않으면 안 되었습니다. 몸뚱이를 크게 해서 몸 자체가 큰 힘을 가지지 않으면 남한테 잡아먹히게 되었습니다. 그렇지 않으면 많은 종자를 퍼트리든가 해야 했습니다. 그만큼 큰 육체를 유지하기 위해서는 그만큼 많이 먹어야 하는데 먹이가 그렇게 쉽지 않았지요.

그런데 인간은 어떤가? 인간은 몸집 자체를 그렇게 크게 할 필요가 없었습니다. 몸집 자체를 크게 할 것이 아니라 기계를 만들어 쓰고, 서로 협력하고 정신력으로 내다보고 살기 때문에 몸집 자체를 크게 만들 필요가 없습니다. 그래도 아마 뇌수는 커야 했는지 몰라요. 지금 유인원과 약 100만 년 전의 사람과 현대 사람을 비교해보면 유인원은 대체로 500g이 채 안 되고, 100만 년 전 사람들은 1,000g, 지금 현대인은 1,400g 정도 됩니다. 100만 년 전 사람들과 현대 사람들의 뇌수를 합한 것을 1/2 하면 비슷하게 됩니다. 그러니까 뇌의 용적이 자꾸 커간 것만은 사실입니다. 그러니까 지금 유인원은 아무리 교육을 해도 뇌의 용적 자체가 추상적으로 사유할 수 있을 정도로 발전하지 못했습니다. 그래서 아무리 교육을 해도 사람으로 되지 못합니다. 그렇다고 뇌가 큰 사람이 머리가 좋은 것은 아닙니다. 인간은 이 뇌를 제대로 써보지를 못했어요. 인간의 뇌 세포수가 140억 개인데 이것을 제대로 활용하지를 못했습니다. 20살까지 자라고 그 다음부터는 매일 10만여 개씩 죽는데 다른 세포는 다 재생되지만 뇌 세포만은 재생되지 않습니다. 90세가 되면 이 세포가 반감된다고 합니다. 우리 같은 사람은 이제 반감에 가까워가고 있습니다. 그러니까 금방들은 것도 자꾸 잊곤 합니다. 뇌의 무게가 제일 큰 사람을 꼽으라면 유명한 사람으로서는 2,200g이나 되는 도스토예프스키라는 작가입니다. 그런가 하면 프랑스의 천재적인 작가 아나톨리가 있는데 이 사람은 1,100g밖에 안 되었습니다. 아인슈타인도 그렇게 무겁지 못했습니다. 보통 사람보다 좀 작았습니다. 그러니까 머리가 크다고 뽐낼 것도 없고 머리가 작아도 얼마큼 노력했는가에 달려 있습니다. 140억 개 뇌수를 다 써보지 못한 것 같습니다. 그러나 어쨌든 진화 과정에서 보면 뇌도 커가고 있습니다. 그래서 지금 약 3만년 전부터 아니 15만 년 전부터 뇌의 크기는 현대와 비슷합니다.

지금 우리 인간은 구석기인, 신석기인 하는데 신석기인에 속하는 약 3만 년 전부터 3만 5천 년에 전 세계에 다 퍼졌는데 거기에는 뇌가 큰 사람도 있고 작은 사람도 있지만 큰 차이가 없습니다. 우수한 인종이 있고 열등한 인종이 있고, 이렇게 생각하는 것은 잘못 생각하는 것입니다. 그러나 너무 떨어진 유인원은 아무리 교육해도 되지 않습니다. 여기서 보면 우리가 육체를 개조하려고 할 것이 아니라 빨리 나가자면 공부를 많이 하고 우리나라가 선진 대열에 들어서자면 정신 문화 수준을 높여야 합니다. 정신력을 자꾸 발전시키는 것을 일차적으로 해야 됩니다. 왜냐하면 물질적 힘은 그 자체로는 창조력을 가지지 못하기 때문입니다.

자연계에 있는 물질적 힘은 창조력을 가지지 못합니다. 자연에게도 일정한 창조성이 있다고 하는 것을 인정합니다. 하지만 구체적으로 그 창조성은 아주 보잘 것 없습니다. 인간의 정신력과 결부되지 않고는 자연의 물질적 힘은 창조적으로 이용하지 못합니다. 협조력도 인간의 정신과 결부되어야만 사회적 협조가 이루어집니다. 그래서 모든 생명력 가운데서 가장 고급이며 주도적인 역할을 하는 것은 정신력입니다. 그렇기 때문에 우리가 빨리 발전하기 위해서는 정신 문화 수준을 높여야 합니다. 학생들도 빨리 출세하려면 밤잠을 자지 않고 먹는 것도 제한하면서 공부해야 합니다.

난 여기에 와서 11월 대학 시험을 치를 때 후배들이 시험 치르는 학생들을 축구 선수 지원하듯이 고무해 주는 것을 보고 아, 이것 정말 대단하구나 생각했습니다. 우리 한국이 빨리 발전하는 비결이 여기 있구나 생각했습니다. 그것은 아주 좋은 것입니다. 우리는 못 살기는 못 살았지만 우리 민족은 공부하는 것을 좋아했고, 그런 면에서 오랜 문화적 민족입니다. 그래서 이렇게 빨리 따라 왔는데 이제 한 단계 높이자면 이것 가지고는 안 됩니다. 이제 한 단계 높이자면 정신 문화 수준도 선진국가를 앞서야 합니다. 지금 여기까지 따라오는 데는 과거 선조들의 은

덕을 받았지만 이제 한 걸음 앞서서 선진 국가가 되기 위해서는 지금의 정신 문화 수준을 높이는 데 더 힘을 쏟아야 합니다. 우리 인간은 사회적 존재입니다. 이런 점에서 사회적 존재와 자연적 존재를 일단 구분할 수 있습니다.

공장의 기계, 도구들은 어디에 속한다고 봐야 합니까? 공장의 기계설비가 생명은 없지만 누구의 지시에 의해서 누구를 위해서 운동을 하는가? 인간의 지시에 의해서 인간의 생활력을 체현하고 인간의 요구에 따라서 움직이는 모든 것은 자연적 존재에 속하는 것이 아니라 사회적 존재에 속하는 것으로 봐야 합니다.

인간은 아직 두 측면을 가지고 있습니다. 생물학적 존재로서의 측면과 사회적 존재의 측면입니다. 이제 약 1,000년 후부터는 인간의 육체 자체도 완전히 사회적 존재로 되어 육체의 기능이 몇 천 배, 몇 만 배 발전하게 된다고 생각합니다. 지금은 우리 몸이 무병장수할 수 있도록 잘 관리하고 나머지는 자꾸 객관화해가지고 발전하는 길을 택해야 됩니다.

그러면 사회적 존재로서 우리 인간의 주가 되는 생활력은 무엇인가? 정신적 생활력, 물질적 생활력, 사회 협조적 생활력입니다. 그것이 생명의 특성과 관련해서 어떻게 말할 수 있는가? 생명이란 자기의 생존을 보존하기 위해서 생명 활동을 하는데 살자는 욕망에 맞는 운동을 통해서 실현해 나가는 것입니다. 물질적 힘(육체의 힘)을 지휘하는 것은 욕망입니다. 욕망과 결부되지 않는 물질적 힘은 목적에 맞게 작용을 못합니다. 그러니까 정신력은 살자는 욕망에 기초해서 나오는 것입니다. 그 정신적 힘이 모든 것을 지배하고 주도적인 역할을 한다는 것은 결국 생명으로 말하면 살자는 욕망과 힘이 있는데 살려는 욕망이 장성한 것이 정신적 힘입니다. 수준의 차이를 보면 인간은 외부 세계와의 관계에서 자주적으로 자유롭게 살려고 합니다. 동물은 그렇지 못하고 순응해서 삽니다. 그래서 인간의 삶의 욕망을 자주적인 삶의 욕망, 자주성이라고 합니다. 그 자주성을 자유라고 해도 내용상으로는 큰 잘못은 없지만 자유라고 하면 구속에서 벗어나서 자유롭게 자기 욕망을 충족한다는 의미가 있습니다. 왜 자주적인가 하면 생명의 주인, 운명의 주인을 자기 자신으로 생각한다는 의미를 부여해서 자주적이라고 하는 것이 옳다는 것입니다. 그래서 자유라는 말과 큰 차이는 없습니다.

물고기들은 자유롭게 생활합니다. 그러나 자주적인 것은 못 됩니다. 자유롭게는 생활하지만 완전히 자연의 법칙에 따라서 종속되어 있을 뿐 자기 운명의 주인으로서 생활하는 것은 아닙니다.

그런 점에서 볼 때 우리 인간은 자주적인 존재입니다. 자기가 자기 운명의 주인으로서 자유롭게 살 것을 요구하는 존재입니다. 이것은 정신적 힘이 없으면 안 됩니다.

그 다음에 자주적 욕망을 실현하기 위해서 거기에 맞게 운동할 수 있는 능력이 창조적인 힘입니다. 그런데 인간은 개인적인 존재이면서 집단적 존재이기 때문에 사회적으로 협조하는 힘을 가지고 있습니다.

의식이란 정신입니다. 이제 인간의 창조력도 정신(의식)과 결부되고 사회적으로 협조하는 것도 의식, 정신과 결부됩니다. 의식을 통하지 않고는 인간적인 생활력은 발휘 못합니다. 동물적인 생활력은 작용해도 자주적인 욕망, 창조적인 힘, 협조하는 힘이 세 가지를 주장하는데, 의식을 넣게 되면 중복됩니다. 그래서 동물과 구별되는 어떤 특성이 있는가 할 때 자주적으로 살려는 욕망, 창조적으로 작용하는 힘, 서로 협조하는 힘 그리고 의식 등으로 이야기는 해도 실제로 인간이 활동해서 환경과 부딪치는 것으로 할 때는 그냥 의식만, 다른 세 가지 특징과 떨어진 의식은 있을 수 없습니다.

그래서 인간의 생명력을 특징지을 때는 의식을 빼놓아도 괜찮습니다. 이미 의식이 들어가 있기 때문입니다. 따라서 크게 이야기할 때는 정신적 생명력, 물질적 생명력, 사회 협조적 생명력 등 세 가지를 이야기합니다. 여기에 의문이 나오면 또 이야기를 해야 됩니다(계속 연구개발 해야 합니다). 우선 그런 정도로 하고 인간의 본질적 특징에서 제일 중요한 것은 사회적 존재라는 것 객관적인 대상에 인간의 생활력을 체현 시켜서 그것을 사회적으로 이용하는 존재라는 것입니다.

둘째, 우리가 강조할 문제는 무엇인가?

인간은 개인적 존재인 동시에 집단적 존재라는 것입니다. 이것은 인간의 본질을 이해하는 데 있어서 중요한 학문입니다. 모든 개인들이 다 자기의 생명을 가지고 있고 그 생명은 각각 다 다릅니다. 같은 생명이라고 하는 것은 하나도 있을 수 없습니다. 사람마다 차이가 있고 그러면서도 집단적으로 존재합니다. 공통성을 가지고 있습니다. 우리가 얼핏 생각하기에는 개인 이외에 무슨 집단의 생명이 있겠는가? 구체적인 존재는 다 개인이지 무슨 집단의 생명이 있겠는가라고 생각합니다. 그런데 개인은 죽어도 집단은 죽지 않는데 왜 그런가? 개인은 죽지 않는 사람이 없지만 집단은 계속 살아갑니다. 그러니까 생명이라고 하는 것을 개별적인 사람들만이 생명을 가진 존재로 볼 것이 아니라 생명과 생명이 결합된 생명체, 집단의 생명체도 역시 생명 활동을 합니다. 집단의 생명도 하나의 생명입니다. 대를 이어가면서 계속 살아 있습니다.

이것은 생명체만이 아니라 모든 물질적 존재가 그렇습니다. 지금 우리가 보면 모든 물질적 존재가 개별적인 동시에 집단입니다. 이것이 유명한 칸트가 막혔던 것입니다. 세계는 단순한 것 하나로 되어 있는가? 아니면 복잡한 것으로 되어 있는가? 단순한 동시에 복잡하게 되어 있습니다. 단순한 것으로만 존재하는 것 같지만 또 그것이 무리를 지어 존재합니다. 그렇지 않고는 발전이 불가능하게 되어 있습니다. 그래서 인간은 앞으로 영원히 발전해도 개인적 존재인 동시에 집단적 존재입니다. 이것을 우리가 잊어서는 안됩니다. 인간은 영원합니다.

동양에서는 성선설과 성악설이 있는데, 성악설이라고 하는 것은 개인적 측면을 생각한 것이고 성선설은 집단적 측면을 생각한 것입니다. 사람은 날 때부터 동정심이 있다. 그런가 하면 사람은 날 때부터 자기만 생각한다, 이기주의적이다. 이것이 개인적 존재인 동시에 집단적 존재라는 것입니다. 이와 같이 개인적 존재이면서 집단적 존재의 관계가 없으면 영원히 발전을 못합니다. 그것을 어떻게 서로 결합시키면서 발전시켜 나가는가 하는 것이 정치의 임무입니다. 절대적으로 믿을 수 있는 사람은 없습니다. 그렇게 개인에게 절대적으로 믿을 수 있다고 생각하고서 개인에게 모든 것을 다 맡기면 안됩니다. 그 대신 절대적으로 나쁜 사람도 있을 수 없습니다.

인간의 본질적 특징 즉 인간의 존재에 대해서 이야기할 때 ① 인간의 세 가지 힘 - 3대 생명력 즉 정신적 힘, 물질적 힘, 사회적 협조의 힘을 가지고 있다는 것입니다. ② 그리고 사회적 존재라는 것입니다. 자기 몸에만 생활력을 체현하는 것이 아니라 객관적인 대상에 체현시켜서 자기의 몸과 같이 이용한다는 것입니다. ③ 이 측면과 인간은 동시에 개인적인 존재이면서 집단적인 존재이다 하는 것을 꼭 인식해야 됩니다.

그래서 인간은 이제 겨우 자연적 존재와 완전히 구별될 만한 상태에

왔는데, 어디가 고비이겠는가? 세계가 하나로 통일되는 것 - 민주주의적인 생활 방식에 의해서 세계가 하나로 통일되는 것 - 이것은 아마 한 100년이나 200년 사이면 세계가 하나로 통일되지 않겠는가 생각합니다.

지금 서양 사람들은 아프리카 사람들은 진화가 늦어서 따라오지 못한다고 생각하는데 옳지 못합니다. 도와주면 얼마든지 따라 올 수 있고, 또 아프리카 사람들은 아프리카 사람들대로 특성이 있습니다. 1952년에 헬싱키 올림픽에 처음 가봤는데 흑인들이 얼마나 빨리 뛰는지 놀랐어요. 운동은 더 잘해요. 그렇기 때문에〈특성이〉어느 한 인종만이 우수하다 이렇게 말할 수 없어요. 북한에 있을 때는 좀 빨리 세계가 하나로 통일될 것이라고 생각했는데 여기 와서 보니까 그렇게 빨리 될 것 같아 보이지 않아요. 여기서 결정적인 요인 하나는 핵융합에 의한 에너지를 맘대로 쓰게 되면 빨리 될것입니다. 기대를 거는 것은 그것입니다. 그렇게 되면 우리 지구는 인간이 완전히 지배하게 됩니다. 그렇게 되면 사막 같은 것도 다 녹화할 수 있고, 남극과 북극 대륙도 다 쓸 수 있고, 바다 자원도 얼마든지 이용할 수 있습니다. 그렇게 되면 국경을 가질 필요가 없게 됩니다. 지금 그것을 집중적으로 연구하고 있습니다.

지금까지는 태양한테 신세지고 있습니다. 그 화석 연료도 사실은 태양의 에너지가 묻혀 있는 것입니다. 태양과 같이 열을 내는 문제를 인공적으로 해결하게 되면 태양의 신세를 안 지게 되고 완전히 자립적인 존재로 됩니다. 그것만 해결되면 인간의 특권이라고 하는 것이 물질적 특권과 권력, 이 두 가지가 특권인데 이것이 무의미하게 됩니다. 인간이 사회적 존재라는 것, 그 다음에 인간의 생활력을 객관화하고 사회화해서 이용한다는 것, 이것으로부터 동물과의 차이를 천양지차로 가져오게 되었고, 인간이 자기 운명의 주인이 되었다는 것입니다. 그러나 인간은 개인적 존재인 동시에 집단적 존재이기 때문에 이 두 가지 특성을 옳게 결합시켜 나가야 한다는 것 등이 인간의 본질적 특징입니다.

「인간의 본질적 특징」

(2009. 2. 11 강의)

인간이 가장 위대한 존재라는 것에 대해서 다시 한 번 생각해 봅시다.

그런데 다윈의 진화론이 나온 다음 즉 인간이 어떻게 출현하게 되었는가 하는 것이 나온 다음에도 인간이 우주에서 차지하는 특수한 지위와 역할에 대해서 똑똑하게 해명한 것이 하나도 없습니다. 그래서 인간의 위대성에 대해서 이야기 하게 되면 이것은 우주가 얼마나 넓은지 잘 알지 못하고 하는 소리다. 지구 중심설이나 같다. 이러면서 비난했습니다. 그런데 지금 우리가 도달한 천문학적 지식에 기초해서 보면 인간이 유일한 가장 발전된 존재입니다.

우주가 넓다고 하지만 우주 물질의 98%는 6대 원소로 되어 있습니다. 수소, 헬륨, 산소, 탄소, 질소, 네온. 그리고 우주 폭발이 되어서 은하계가 형성될 때까지 100억년 걸렸습니다. 이 지구와 같은 천체가 그 전에는 약 100,000개라고 했는데 지금은 10,000,000개 된다고 합니다. 1,000만 개라고 해도 태양과 같은 항성이 천억 개가 되는 것에 비하면 매우 적은 것입니다. 지구와 비슷하다고 하는 것이 지금 있는 지구와 같다는 것은 아닙니다. 38억 년 전의 화석을 분석해보면 그때는 산소가 0.1%였고 20억 년 전에는 산소가 1%였습니다. 38억 년 전 화석을 분석해 보면 바다의 온도 140℃. 그러니까 처음부터 지구에서 생물이 생겨난 것이 아닙니다.

지구가 발생한지 45억 년이 되었는데 처음 10억 년 동안은 화학적 진화를 했습니다. 단순한 무기 물질로부터 고급한 유기 물질로 진화된 과정이 10억 년. 무기 물질로부터 유기 물질이 나오고 단순한 유기 물질로부터 복잡하고 발전된 유기 물질이 나오는데 10억 년 걸렸습니다.

분자량 원자가 모여서 분자가 되는데 얼마나 많은 원자가 참가했는가 하는 원자량의 총합이 분자량입니다. 물 분자량은 18. 여기에 비해서 단백질 분자량은 10,000~100,000입니다. 물 분자량에 비해서 얼마나 많은 것이 결합되었는가? 제일 복잡하고 발전된 유기 물질은 단백질, 핵산, 효소 등입니다. 이러한 유기 문질을 생분자라 합니다. 이 생분자가 좀더 발전해서 조직화되면 가장 초보적이고 단순한 생명체가 나옵니다. 생물학자들은 생분자와 생명체의 한계를 긋는 것이 제일 힘들다고 합니다.

효소는 자기를 분열시킬 수 있습니다. 그런데 직접 우리의 생명을 지니게 되는 핵산은 DNA입니다. 핵산에는 두 가지가 있는데 DNA(데핵산)와 리보핵산(RNA)입니다. DNA에서 가장 무거운 것은 800억. 물은 18인데. DNA는 무거운 분자들이 생명력을 직접 체현합니다. 생명력을 체현 못하는 것도 있고 체현하는 것도 있습니다. DNA라고 해서 다 생명력을 체현하는 것은 아닙니다. 그런데 이렇게 결합되어 나가는 과정이 처음에는 우연적으로 되었습니다.

우연으로 되는데 그것이 결합되면 결합된 존재 자체가 보존하려합니다. 그 전에는 개체들끼리 각각 자기를 보존하려 하는데 결합되는 것이 힘들지만 일단 결합되면 결합된 것이 자기를 보존하려합니다. 자기 개체를 보존하려고 하기 때문에 결합이 힘듭니다. 그러니까 거기서 우연히 어떤 압력이 강해지든가 열이 가해지든가 해서 결합이 되는데 결합된 다음에는 떨어지려고 안합니다. 결혼하긴 힘들어도 결혼한 다음에는 떨어지려 안합니다. 원래 이렇게 되어 있습니다. 결합이 쉽지 않지만 결합된 다음에는 결합된 것을 옹호하려합니다. 그래서 점차적으로 결합되고 결합되어서 고분자 유기 물질이 나왔습니다. 분자량 10,000이상을 고분자라고 합니다. 1,000이하를 저분자라고 합니다. 이렇게 고분자로 되어서 생명체가 나오는데 이것이 대단히 힘듭니다.

지구상에서 딱 한번 생명체가 발생했습니다. 그러나 지구가 있다고 해서 다 생명체가 나오는 것이 아닙니다. 미국 학자가 발표 한 것에 의하면 생명체는 10억의 10억배(백만 조)의 지구에서 10억의 10억 배의 연한에 걸쳐서 10억의 10억 배의 실험을 해서 한번 나올까 말까 하다고 합니다.

DNA는 뉴크오지트라는 물질로 된 것인데 이것이 결합되어 DNA가 된 것입니다.

이것을 다 분해해 놓고 원시적인 환경을 인공적으로 만들어 계속 실험해도 1/10-30의 확률이라고 합니다. 그러니까 DNA가 발생할 수 있는 확률이 0이 30개 달린 분의 1이라고 합니다. 그렇게 힘듭니다. 그러니까 얼마나 영광스러운가? 그렇게 해서 생명체가 나왔는데. 거기서 인간까지 나오는데 얼마나 고생했는가? 지금 발생된 생명체는 90%는 다 멸망했습니다. 다른 것도 인간이 도와주지 않으면 다 멸망하게 되어 있습니다.

생명이 이렇게 귀중합니다. 그래서 이렇게 유구한 세월에 걸쳐서 마련된 생명을 어떻게 보존할 것인가 하는 것은 참으로 중요합니다. 그전에는 이것을 몰랐습니다.

그래서 UFO라는 말은 무식한 말입니다. 제일 가까운 행성이, 태양과 같은 항성이 지구에서 4광년 떨어져 있습니다. 그런데 UFO는 시속이 4마일이라고 합니다. 이것을 4년 동안 4마일로 계산하면 9,000만년 걸립니다. 광속은 30만㎞초속입니다. 이런 것에 대해서 상식이 없다 보니까 내가 북에 있을 때도 오진우가 나를 붙들고 UFO가 어떻게 되었습니까 해서 그것을 믿지 마십시오 하면 사진 찍어서 보내왔다고 그래요. 있을 수가 없는 일입니다. 그런데 UN에 UFO를 연구하는 기관이 있다고 하는데 얼마나 무식합니까? 내가 무식한 이야기를 하면 내가 소련에서 공부하고 나오니까 자꾸 그래요. 그때가 1953년인데. 누에알에서 금붕어를 까낸다고 해요. 누에는 곤충이고 금붕어는 척추동물인데. 곤충에서 척추동물로 진화하는데 5억년이 걸렸는데 5억년이나 차이가 있는데 어떻게 누에알에서 금붕어가 나옵니까? 또 도깨비를 직접 봤다는 사람이 얼마나 많습니까?

그래서 답답해서 소련에서 동물학을 연구한 강좌장이 있었어요. 이런 얘기가 있다고 하니까 글쎄 말입니다 지식 분자라는 대학 교수들이 저 꼴이니 어떻게 하겠습니까? 그래요.

그런데서는 기독교는 대상으로 안합니다. 하나님만 믿으면 된다고 합니다. 그렇기 때문에 사실은 이스라엘 사람들이 제일 발전했습니다. 일신교를 제일 먼저 했습니다.

바다에 가서는 용왕이 있고 산에 가서는 산신이 있다는 것을 다 부인했습니다. 기적이라는 것은 사실은 없는데 기적을 만들어 냈습니다.

그렇게 해서 생명체가 나와서 35억년 동안 진화되어 비로소 인간이 나왔습니다.

그런데 인간이 동물과의 차이는 어디에 있는가? 자 하나 복습 합시다. 진화해 나가는 과정, 생명이 어떻게 되어서 나왔는가? 생명이 무엇이 발전해서 나왔는가?

노교수, 그러면 홍 회장, 생명이 어떻게 나왔는가? 모르는 사람한테만 물으니까?(웃음) 내가 저기 있을 때 박사원 학생들에게 매주 한 번씩 9년 동안 강의를 했는데도 물어보면 몰라요.

이것 다시 한 번 반복하자고요. 물질이 발전하기 위해서는 3가지의 성질 즉 객관적 존재성, 주관적 자기 보존성, 이 둘이 결합되어 운동하는 성질이 있습니다.

1. 물질이 발전하려면 객관적인 존재가 발전해야 합니다. 그것은 물질의 구성 요소와 결합 구조가 복잡해지고 면밀하게 결합되어 나가는 것입니다. 이 수준이 자꾸 높아지는 것입니다.

2. 자기 보존성이 강화되어 나가는 것입니다. 자기 보존성이 강화됨

에 따라서 자기를 보존하려는 운동 능력이 강화됩니다.

3. 그래서 그것이 운동으로 표현됩니다. 자기 보존성과 객관적 존재성이 결합되어 운동으로 표현됩니다. 자기 보존성은 주관성이기 때문에 볼 수가 없습니다. 그런데 이 주관성과 객관성이 결합되어서 운동으로 나타날 때 비로소 자기 보존성이 있다는 것을 알 수 있습니다.

헤겔, 마르크스도 질이 양으로 변하고 양이 질로 변한다고 하는 소리만 했습니다.

운동이 있어야 된다는 것을 알지 못했습니다. 양이 곧 질로 변하고 질이 곧 양으로 변하는 것이 아닙니다. 구성 요소와 결합 구조가 변화되면 자기 보존성이 강화되고 자기 보존성이 강화되면 그것이 자기 보존 운동으로 표현되고 그 운동으로 표현된 다음에는 다른 물질과의 관계에서 다른 물질을 끌어당깁니다. 끌어당겨서 자기 것으로 만듭니다. 이것이 동화 작용입니다. 먹고서 자기 존재를 유지하고 재생산합니다. 먹고서 자기 후대까지 번식시키게 되면 그것이 생명체입니다.

이렇게 발전하다가 동물 단계에서 인간으로 넘어오는 과정도 아주 계선을 긋기가 힘듭니다. 언제부터 동물 단계에서 인간 단계로서 즉 사회적 존재로 넘어왔겠는가?

동물에는 없고 인간만이 가지고 있는 특성 성질이 무엇인가?

수강생 : 노동, 노동 도구 아닙니까?

황 선생 : 그것은 마르크스주의 물을 먹은 것이야. 정신이야 정신.

그러면 정신이 왜 나왔는가? 정신을 마르크스주의자들은 반영으로 봤습니다. 이것은 아주 잘못된 것입니다. 생명이 나온 것은 자기 보존성이 강화되어서 나왔습니다.

그리고 이 생명이 발전하면서 정신이 나오게 되었어요. 생명이란 살자는 욕망이 있고 그것을 실현할 수 있는 힘을 그 목적에 맞게 쓸 수 있는 능력, 이 두 가지입니다.

그런데 단순해서 그저 살려는 욕망이 하나 밖에 없고 그것을 실현하려는 방법도 하나 밖에 없다면 문제될 것이 없습니다. 욕망이 직접 그 힘에 지시하면 그만이기 때문에. 그래서 생명체가 단순한 시기에는 고정되어 있었어요. 단 것을 먹으면 좋다. 자기 육체의 보존에 좋다. 그래서 단 것을 먹으면 기분이 좋습니다. 쓴 것은 나쁘다. 그래서 먹지 말자. 그러나 욕망이 발전해 나가서 생활 방법이 다양하게 되면서 쓴 것도 약이 된다. 단 것도 독이 될 수 있다는 식으로 갈라지게 되었습니다. 사람들의 욕망이 다양하게 되니까 어느 욕망을 실현해야지 자기 육체를 보존하는 데에 도움이 되겠는가 하는 것을 판단하게 되었습니다. 또 욕망을 충족시키는 생활 능력도 다양하게 되었어요. 어느 능력, 어느 방법을 의거해서 하는 것이 옳겠는가 하는 것들을 비교해서 타산할 필요가 있게 되었습니다. 그런데 이것이 좀더 복잡하게 되어서 집을 짓는다고 할 때 어떤 집을 지을 것인가 하는 것을 그려보고 자재, 노력, 시공 계획을 세워야 하고 이것을 하려면 반사 작용만으로 안되고 미리 타산 하지 않으면 안됩니다.

그러니까 우리의 욕망과 힘을 미리 타산하기 위해서 나온 것이 정신 작용입니다.

이것을 하기 위해서는 기억을 해야 합니다. 그런데 고등 동물도 기억 능력은 있습니다. 기억능력은 있는데 너무 빈약합니다. 욕망 자체가 빈약하기 때문에 관심이 없습니다. 매는 사람보다 8배나 더 잘 봅니다. 개도 후각이 사람보다 몇 배나 더 발전되었어요. 그런데 매는 자기에게 관심 있는 것은 토끼, 꿩 같은 자기가 먹을 것에만 관심이 있고 다른 것엔 관심이 없습니다. 그래서 기억하는 능력이 아주 적습니다. 매의 머리가 아주 작아요. 또 기억이 빈약할 뿐 아니라 기억된 지식을 연결시키는 작용을 잘 못합니다. 개는 영리하지만 지식을 연결시키는 것은 4개 이상 못합니다. 이것은 조건반사에서 증명이 됩니다. 개는 후각이 아주 발전되어서 한번 갔던 길을 다시 돌아올 수는 있어도 지식을 연결시키지는 못합니다. 그것은 4개 밖에 못합니다. 곡예단에서 개가 산술을 하는 것처럼 하는데 그것은 조건 반사입니다. 2에다 3을 더하면 5가 된다고 계산하는 것이 아니고 모양대로 보고 그것을 연결시킬 뿐입니다.

그런데 인간은 연결 능력이 월등합니다. 처음에는 동물 수준이었지만 연습하는 과정에서 연결시키는 능력이 발전했습니다. 그래서 실물 가지고서 집을 짓는 것이 아니라 기억된 지식을 가지고 집을 짓습니다. 이것이 추상적인 사유입니다. 실물 가지고 직접 짓는 것은 추상이 아니지요. 그냥 현실적으로 짓는 것이지요. 인간은 머릿속에 집을 지어봅니다. 이 조그만 머릿속에 큰 집이 들어갈 수 있습니까? 그러나 기억은 얼마든지 들어갈 수 있습니다. 그것을 연결시켜서 집을 지어봅니다. 이것은 인간만이 할 수 있습니다. 이것을 추상적 사유라고 합니다.

집을 짓고 헐고, 결합시키고 분해하고, 이렇게 외부 세계를 자기의 요구에 맞게 결합시키고 분해하는 것이 창조적 사업입니다. 이런 추상적 사유를 하게 되면서 외부세계를 그냥 이용하는 것이 아니라 그것을 개조해서 자기가 요구하는 것을 결합시키고 자기가 반대하는 것을 분해시키면서 창조해 나가게 됩니다. 물론 지식이 많지 않고서는 그것이 잘 안되지요.

그러니까 사람도 오랫동안 추상적 사유를 시작해서도 그것이 발전하지 못했기 때문에 동물과 비슷한 생활을 했어요. 베이징 사람들은 50만 년 전의 사람들인데도 불이 있고 불당번이 있었지만 동물과 비슷한 생활을 했습니다. 지금 우리 현재의 인류가 발생한 것은 35,000년 전입니다. 그 가운데 제일 원시적인 사람은 아프리카에서 발생했다고 합니다. 아프리카에서 나와서 퍼졌습니다. 오스트리아 원주민들은 무엇을 셈하라고 하면 못합니다. 추상적 사유 능력이 없습니다. 그러나 수만 마리 양떼가 들어오는 것을 가만히 보다가 하나라도 없으면 알아봅니다. 그렇게 감각적으로 발전했습니다. 마치 개가 후각으로 길을 찾아가는 것처럼 그렇게 발전했는데 추상적인 사유는 못합니다. 그래서 추상적 사유 능력 없이는 과학을 할 수 없습니다. 추상적으로 사유를 할 수 있기 때문에 그것을 객관화 할 수 있습니다. 언어나 문자나 그림이나 이런 것을 통해서 객관화하고 그렇게 함으로서 사회가 공동으로 이용할 수 있습니다.

그래서 이것을 사회적 의식이라고 합니다. 사회적 의식이란 사회적 정신과 같습니다.

이렇게 기억했던 것을 객관화 하다 보니까 그것을 모든 사회 성원들이 다 이용하고 죽어도 또 그것이 계승되어 지식이 불어납니다. 그래서 자기가 생각한 정신력이 불어 나갑니다. 또 정신력에 의해서 기계를, 자동차를 만들면 자동차를 만드는 설계도가 객관화 되어 다른 사람들도 자동차를 만들게 되고 이런 것들이 인간의 지혜와 창조한 창조물들이 대를 이어 가면서 축적해 나가게 됩니다. 그래서 동물과는 절대적인 차이를 가지게 되었습니다. 5,000년 전 사람이나 지금 사람이나 육체적 힘은 큰 차이가 없습니다. 오히려 그때는 힘밖에 쓸 것이 없었기 때문에 힘이 더 셀 수 있습니다. 그러나 오래 살지는 못했습니다. 20년 정도 살

앉을 것입니다. 5,000년 이라고 하는 것은 기록된 역사가 5,000정도이기 때문에 5,000년으로 말하고 있습니다.

　지금 현재 사람의 힘과 5,000년 전의 사람들과는 아주 차이가 있습니다. 그때 사람들이 날아 갈 수 있었는가? 지금 비행기는 어느 새와도 대비가 됩니까? 지금 잠수함은 어느 고래와도 대비가 됩니까? 또 우주선은 비행기가 대비가 안되고, 힘이 5,000년 사람들에 비해서 몇 만 배, 몇 10만 배는 늘어났습니다. 그것은 우리 육체를 크게 만든 것이 아닙니다. 우리 포유류가 나오기 전에는 1억 7,000만 년 동안은 공룡 같은 파충류가 지배했습니다. 그러니까 바다에서 생물이 올라와서 처음에는 개구리 같은 양서류라고 했습니다. 물에서도 살고 육지에서도 살고 그러다가 파충류가 생겼습니다.

　파충류라는 것은 뱀이거든요. 거기서 제일 큰 것이 공룡인데 공룡은 몸집을 크게 만들다 보니까 이 몸집을 유지하기 위해서는 많이 먹어야 합니다. 그러니까 그 이상 더 발전하기가 힘듭니다. 거기다가 빙하가 와서 견뎌내기가 어려웠어요.

　인간은 자기 육체를 크게 만들 필요가 없습니다. 오히려 큰 육체를 가진 사람이 부담이 큽니다. 그것을 먹여 살리기 위해서. 학자들이 얘기하는 것을 보면 키가 1m 50㎝ 정도가 제일 좋다고 합니다. 일본 사람들이 키가 작습니다. 인도 사람들은 키가 크지만 힘은 없습니다. 그래서 일본 놈들한테 못견딥니다. 그 전에는 북한 사람들이 남한 사람들보다 키가 더 컸어요. 요즈음 잘 못 먹다보니까 난쟁이로 되어가지만 이쪽 남한 사람들은 여자들도 1m70㎝ 정도까지 커 가는데. 키는 크지 않더라도 운동을 해서 균형 잡히게 육체를 발전시키면 좋을 것 같습니다.

인간은 자기의 육체를 크게 할 것이 아니라 정신적 힘을 더 강화해야 합니다. 기본은 정신적 힘입니다.

이 다음에 우리가 육체를 한 500년 살 수 있게 다른 물질로서 개조해서 나간다 해도 그때도 육체가 뜨거운 데 들어가도 죽지 않고, 얼음에 들어가도 죽지 않는 식으로 개조하는 것은 필요하지만 육체 자체의 힘을 크게 만들 필요는 없습니다. 오래 살게 만들고 병을 앓지 않게 만들고, 지금 같이 밤에는 잠을 자야 하고, 밥 먹느라 시간을 보내고, 감기까지 앓다 보니까 일할 시간이 얼마나 됩니까? 이 다음에는 그런 것을 다 개조해야지요. 적어도 1,000년 후쯤에는 우리 육체를 상당히 개조할 것입니다. 그러나 그때도 육체의 힘 자체를 개조해서 힘을 크게 하는 것이 아니라 정신적 힘을 더 잘 발양되게 개조해야 합니다. 예를 들어서 눈도 지금은 외부 것만 볼 수 있고 내부 것은 보지 못하고 X광선을 통해서만 볼 수 있지만 그때 가서는 중성미자를 이용하면 무엇이든지 뚫고 내다볼 수 있습니다. 그런 식으로 눈을 개조할 수 있습니다. 그래서 어떻게 하면 정신력을 더 잘 발휘할 수 있게 할 수 있을까 하는 것으로 발전할 수 있습니다.

그러니까 인간의 우수성의 기본 특징은 정신력입니다. 생명력에서 가장 발전된 부분이 정신입니다. 그래서 인간은 추상적 정신력을 가지게 되고 그것도 사회적인 정신력을 가지게 된 것입니다. 그 다음에 정신과 결부되어 창조적으로 작용할 수 있는 물질적 힘을 가지게 되었습니다. 여기다 더 첨부해서 사회적 협조력을 가지게 되었습니다.

사회적 협조력이 기가 막힌 것입니다. 자연계에서 물질과 물질이 결합되게 되면 딴 물질이 되고 발전된 물질이 된다는 것은 명백한데 사람이 결합되게 되면 딴 사람의 힘을 가져온다는 것을 잘 이해를 못합니다. 그러나 사람이 발전된 존재이기 때문에 사람이 결합되어 단결하면 다른 힘을 가질 수 있습니다. 이것도 우리가 크게 주목해야 할 문제입니다.

서양 사람들이 지금 부부 생활을 크게 여기지 않고 있습니다. 그래서 고립적으로 혼자 따로 사는 것을 대단히 발전된 생활로 알고 있습니다. 아주 잘못 생각하고 있습니다. 부부간의 사랑이 지극하면 지극할수록 대단한 힘을 발휘합니다. 이것이 동지적 단계로 강화되면 상상을 초월합니다. 여기 있는 사람들만 생사를 같이 하는 정도로 결합되어도 큰 일을 할 수 있습니다. 이런 것들을 실천적으로 느끼고 그런 방향으로 생활에 구현해 나가야 합니다. 행복의 수준도 달라집니다. 사람들이 결합되어 같이 협력하는 데서 오는 행복, 다같이 협력해서 새 것을 창조하는 행복, 이것은 밥이나 먹는 그런 행복이 아닙니다. 비교가 안됩니다. 그래서 1,000년 후의 우리의 행복의 수준은 지금 사람들은 상상 할 수 없을 정도로 발전합니다.

이제 우리 인간의 발전은 초보적인 단계에 있습니다. 육체는 아직도 자연적으로 진화된 육체를 유지하고 있습니다. 그런데 그것마저 제대로 먹여 살리지 못하기 때문에 서로 싸우고 있습니다. 그러나 이것은 세계가 하나로 민주화 되면 문제될 것이 없습니다. 핵융합만 되어도 문제될 것이 없습니다. 핵융합만 되어도 바다 물을 이용해서 무진장한 에너지를 쓸 수 있습니다. 그러면 적어도 지구는 마음대로 관리할 수 있습니다. 그때부터는 욕망이 달라질 것입니다. 그때부터는 잘 먹고 잘 살아야 하는 것으로 경쟁 할일이 없어질 것입니다. 지금 공기 가지고 싸우는 일은 없지 않습니까? 그때 가서는 욕망의 차원이 달라집니다. 이렇게 되면 행복의 수준이 올라가고 행복의 수준이 올라가면 갈수록 더 큰 행복을 요구하게 됩니다.

우리의 논리는 두 가지입니다. 하나는 정적 상태에서 보는 논리, 이것이 지금까지의 논리학입니다. 아리스토텔레스가 만든 논리학입니다. 같은 것은 같다. 차이 있는 것은 차이가 있다. 같기도 하고 다르기도 한 것은 존재할 수 없다. 즉 모순을 배제하는 것이거든요. 그런데 동적인, 움직이는 상태의 논리학은 그렇지 않습니다. 동일성과 차이성이 통일될 수 있다. 양이 질로 변할 수도 있다. 이런 식의 논리를 변화의 논리 즉 변증법적 논리라고 합니다.

그런데 이해 관계에 관한 논리가 또 있습니다. 이것은 욕망이 충족되면 벌써 그것은 행복이 안 됩니다. 벌써 더 큰 행복이 기다리고 있습니다. 벨기에의 벨징크 라는 좀 괴상한 작가가 있습니다. '파랑새' 저자. 꿈꾸면서 행복의 새 '파랑새'를 붙들었다하면 벌써 날아갑니다. 무슨 말인가 하면 행복을 이루었다고 하면 벌써 그 행복은 없고 새로운 행복이 앞에서 기다리고 있게 된다는 것입니다. 그러니까 끝없는 노력을 통해서만 끝없는 행복한 생활을 누릴 수 있지 불변한 행복의 생활이란 있을 수 없다는 것입니다. 처음에는 말만 타면 더 바랄 것이 없다. 자동차만 타면 더 바랄 것이 없다. 그 다음에는 말 타면 견마를 잡고 싶고, 또 더 좋은 자동차를 타고 싶다. 이렇게 인간의 욕망, 발전하자는 욕망은 끝이 없습니다. 그래서 끝없이 발전을 통해서만 행복이 끝없이 높아질 수 있습니다.

그것은 인간 행복의 수준이 높아지는 것만큼 즉 행복할 수 있는 능력, 창조력이 높아지는 것만큼 행복의 수준이 높아집니다. 지금은 고달프고 하니까 좀 쉬어야 되겠다고 하지만 그때 가서는 쉬려는 사람 없을 것입니다. 아까워서, 행복한 생활이 기다리고 있는데 잠자고 있겠는가?

우리는 그런 세상을 후대들에게 넘겨 주도록 하고 현재는 자기 세대에서 열심히 살아가야 합니다. 자기가 옳게 살기위해서 열심히 살아가야 합니다. 그렇게 보면 김정일은 불쌍한 놈입니다. 자기도 무슨 재미가 있겠습니까? 사람이란 같이 기뻐하고 같이 슬퍼하고 같이 행복을 나누어야지 혼자서 무슨 행복이 있어요. 독침 맞을 것 같아서 악수도 잘 못하는 놈이 무슨 자유가 있어요.

한번은 경희가 (김정일 동생) 얘기해요. 호위국 병사들은 병사들이지만 양복도 아주 다르게 입히고 대우도 좋습니다. 그런데 경희가 한번은 그래요 저것들 꼼짝 못하지만 다른데 가서는 이러고 다닙니다 그래요. 그들은 그 맛에 삽니다. 다른 사람들 앞에 가서 우쭐대면서 삽니다. 그러나 자기 자체로서 볼 때는 아주 제한된 생활을 합니다. 그런 의미에서 볼 때 우리 남한의 생활 수준은 김정일보다 모두 낫습니다. 김정일이 행복한 것이 무엇이 있습니까? 그 자유라는 것은 동물적 자유밖에는 없습니다.

우리 인간은 무한히 발전할 수 있는 그런 존재입니다. 우리가 이상으로 생각하는 것이 하느님이다 하면 하느님까지는 안 되어도 자꾸 하느님에 가까워 갈 수 있는 위대한 존재입니다. 세계를 자꾸 개조해서 인간 중심의 세계로 만들 수 있는 존재입니다. 이것이 인간의 위대성입니다. 이만하고 토론을 좀 합시다.

셋째 : 세계와 인간과의 관계

인간의 운명개척을 해나가기 위해서는 이 세계에서 살아가고 있는 우리 인간과 이 세계와의 관계는 어떠한지 알아야 한다. 이것을 인간중심철학에서는 이 세계와 인간과의 관계 즉 세계에서 차지하고 있는 인간의 자주적 지위와 창조적 역할이 무엇이고 어느 수준인가를 알아야 하고 계속 발전시켜 나가야 한다고 말하고 있다.

인간은 개인적 존재이면서 집단적 존재이다.
개인적 존재로서의 인간의 운명은 개인의 生과 死의 문제이고 얼마만큼 행복하게 잘 살고 못사느냐 하는 문제이다.

그러나 집단적 존재로서의 인간의 운명은 세계 즉 대자연 우주 만물과의 관계에서 우리 인간이 어느 수준의 자주적 지위를 차지하고 있고 얼마만큼의 창조적 역할을 할 수 있느냐 하는 문제이다.

그래서 인간의 운명을 계속 개척하고 발전시켜 나가려

면 세계에서 차지하고 있는 우리 인간의 자주성과 자주적 능력 그리고 창조성과 창조적 능력을 끝없이 발전시켜 나가야 한다.

여기서 인간중심철학이 제시하는 인간과 세계와의 관계를 지위와 역할, 즉 인간이 세계 만물 중에서 어떤 위치, 어떤 지위에 있으며 그 위치, 그 지위에서 어떤 역할을 할 수 있는지에 대해서 규명하고 그것을 곧 인간 운명 개척의 발전 수준이라고 말하고 있다.

세계(전 우주)에서 차지하고 있는 우리 인간의 지위와 역할에서 인간중심철학은 인간만이 유일하게 자주적이고 창조적인 능력을 가지고 있다고 밝힘으로써 인간만이 가지고 있는 자주성, 창조성, 사회적 협조성을 잉태케 하는 정신적 생명력을 인간만이 가지고 있는 인간의 본질적 특성이라고 규명하고 있다.

이와 같이 우리 인간은 정신적 생명력을 가짐으로써 물질적 생명력과 사회 협조적 생명력을 가질 수 있고 이것을 인간의 3대 생명력이라고 천명하고 있다.

인간은 자연을 개조해서 물질적 재부를 계속 창출해 냄으로서 물질적 생명력을 가질수 있고 - 물질적 생명력

사람 자체를 나아서 교육시키고 키우면서 인간개조 사업을 함으로서 정신적 생명력을 증신시킬수 있고 - 정신적 생명력

사회적 관계 즉 사회협조적 관계를 증신시키는 정치적 관계를 계속 발전, 재생산 함으로서 사회협조력을 발전 시킬수 있는 유일한 존재다. - 사회협조적 생명력

이와 같이 인간의 3대 생명력을 밝힘으로써 인간이 다른 어떤 생명체에서도 찾아볼 수 없는 끝 없는 발전의 기적을 가능케 하는 원리를 해명할 수 있게 되었다.

「인간과 세계와의 관계 - 세계에서 차지하는 인간의 지위와 역할」

(2007. 4. 4 황장엽선생 강의)

세계에서 차지하는 인간의 지위와 역할, 결국은 세계에서 차지하는 인간의 자주적 지위와 창조적 역할에 대한 문제입니다.

자주적 지위란 무엇인가? 세계란 결국은 자연을 말합니다. 인간이 발생하기 이전에는 자연 하나 밖에 없었습니다. 생명체가 나오고 고등동물들이 나오게 되었지만 인간이 가장 발전된 존재라고 해서 자주적인 지위를 차지하는 것은 아닙니다. 생명체가 발생해서 2억 5000만 년 전에는 파충류가 제일 발전된 존재였습니다. 공룡이 그때의 생물계를 지배했지만 자주적인 존재는 아니었습니다. 그때로서는 생명체 가운데서는 제일 발전된 존재였지만 자주적 존재는 아니었습니다. 왜 그런가? 자연의 변화에 따라서 그 운명이 결정되는 것은 아직도 자주적 존재가 아닙니다. 인간도 자연의 발전 과정에서 나왔지만 그 발전 정도가 지금까지의 고등 동물과는 달라서 자연의 법칙에 따라서 자연의 변화와 함께 그 운명이 결정되는 것이 아니라 자기의 창조적인 역할에 의해서 운명이 결정됩니다. 물론 완전한 자주적인 존재로 된다는 것은 힘들지만 우선 거기서 갈라지게 되었습니다.

지금부터 35억 년 전에 생명체가 발생되어 발전해 왔는데 90% 이상은 멸종되었습니다. 이제 인간이 봐 주지 않으면 모든 생명체는 멸종되게 되어 있습니다. 왜냐하면 자연의 변화 발전을 따라갈 수 없기 때문입니다. 그 자연의 변화 발전에 관계없이 - 그 관계가 전혀 없는 것은 아니지만 - 자체의 힘으로 자기의 생존과 발전을 보장해 나갈 수 있는 존재는 인간밖에는 없습니다.

그러면 인간의 본질적 특징이 어디에 있는가? 사회적 존재라는데 있습니다. 생활력, 생명력을 객관화해서 사회적으로 이용하고 사회적으로 보존하는 것이 사회적 존재입니다. 거대한 기계 설비들(나날이 계속 발전해 감)은 자연의 변화와 운명을 같이하는 것이 아니라 사람과 운명을 같이합니다. 그런 의미에서 기계 설비들은 생명이 없지만 사람의 사회적 존재의 연장으로써의 사회적 존재이기 때문에 이것은 자연적 존재하고는 구별되는 존재입니다.

세계에는 자연적 존재와 사회적 존재, 두 가지 존재가 있습니다. 사회적 존재는(인간이 물론 사회적 존재인데) 인간과 함께 사회적 운동에 참가하는 존재 즉 인간의 사회적인 생명력을 담고 있는 존재는 사회적 존재에 속합니다. 그래서 인간의 생활력이 발전하면 할수록 더 빨리 발전하게 됩니다. 그래서 자주적인 존재라고 하는 것은 자연에서 그 운명이 어느 정도 자유로운가 어느 정도 독자성을 가지고 나가고 있는가를 말해주는 것입니다. 지금 지구상에서 인간의 자주적인 수준이 상당히 높아졌습니다. 50만 년 전만 해도 사람의 집단 규모가 30명 정도였습니다. 지금 베이징 사람이라고 하는데 그때도 한 30명씩 모여 살았습니다. 동물의 생활과 비슷했습니다. 그래도 그때 불이 있었습니다. 불을 이용했고 활은 아마 좀더 후에 발견 되었을 겁니다. 불의 발견이 인간 발전에 제일 큰 영향을 주었습니다. 그렇지 않으면 몸에 털을 갖고 원숭

이와 같이 살 수밖에 없었을 겁니다. 불을 이용해서 빙하 시대도 얼어 죽지 않고, 맹수들과의 투쟁에서도 큰 무기가 되니까 불을 이용하게 되었다는 것은 인간 발전에서 큰 역할을 했습니다. 그러나 그때 인간의 자주성이란 보잘 것 없었습니다. 동물과 비슷했거든요.

원시 사회란 절반은 동물 생활이나 같습니다. 약 1만 년 전부터 식량을 자기들이 생산하기 시작했습니다. 농사하고 목축업을 하면서 식량을 자체 힘으로 생산하게 되면서 상당히 자주성이 강화되었습니다. 그러나 가뭄, 홍수가 나면 무더기로 죽었습니다. 인간이 자연에 예속된 관계가 상당히 컸습니다. 지금도 지진 같은 피해를 보고 있습니다. 일부 나라에선 자연 피해도 많이 보고 있지요. 하지만 발전된 나라들에서는 자연적인 재해가 큰 문제가 되지 않습니다. 미국같이 발전된 나라들도 태풍을 이겨내지 못하고 있지만 총체적으로 볼 때 이제는 자연에 예속된 것은 큰 문제될 것이 없습니다.

이것이 지구 안에서 완전히 자주적으로 되려면 100~200년 정도 걸릴 것입니다.

그것을 위해 우리가 제일 기대하는 것이 핵융합입니다. 지금 당장 쓸 수 있는 핵 에너지는 전체 바닷물의 1/6,000이 중수소인데 이것만 이용해도 전체 바다 물을 원유로 환산해서 그의 400~500배의 에너지를 얻을 수 있고 그 값은 지금 동력을 얻는 것의 1/100밖에 안 됩니다. 이렇게 되면 지금 사막을 다 개척할 수 있고 남극과 북극 대륙을 다 이용할 수 있을 뿐 아니라 기후도 대체로 조절할 수 있습니다. 그렇게 되면 지구 안에서는 거의 자연 재해가 없어지고 인간의 자주적인 지위는 아주 높아질 수 있습니다. 그런데 현재 예견되는 것은 지금 당장은 괜찮지만 이제 앞으로 몇 10억 년 후에는 또 문제가 있습니다.

지금 태양안의 수소 핵이 결합되어 열을 발생하는데 약 50억 년 후에는 모두 없어집니다. 수소 핵이 다 헬륨으로 변하고 헬륨의 외각에 있는 수소들이 타면 태양이 지금보다 100배 커집니다. 그러면 그 태양 내의 온도는 높아지고 밖의 온도는 낮아집니다. 태양이 커지게 되면 궤도가 지금 수성, 금성 다음에 지구가 있는데 지구까지 그 반경이 오게 됩니다. 그러니까 지구가 거기서 떨어져 나가려면 훨씬 더 먼 데로 이동해야 합니다. 지금 있는 지구의 에너지들은 그 전 태양의 신세를 지고 있어요. 그 전의 태양 에너지가 묻혀 있는 것들이 석탄, 석유 등 화석 연료입니다. 이것을 다 쓰게되면 태양에서 하는 것처럼 우리도 직접 핵 에너지를 생산할 수 있어야 화석 연료에서 해방될 수 있습니다. 그런데 태양의 궤도가 커지면 지구가 더 먼 곳으로 도망가야 하는데 이때 이 문제를 어떻게 해결하겠는가? 그것 모두 해결할 수 있습니다. 그러므로 그것은 걱정할 필요 없고 미리 걱정해서 자살할 필요는 없습니다. 그 전에는 50억년 쯤 되면 태양의 열이 식어서 다 얼어 죽는다고 생각했습니다.

그러나 지금은 반대로 다 데어 죽는다고 예언을 하고 있습니다. 태양이 지구 쪽으로 확대되니까, 더 나아가게 되면 어떻게 되겠는가? 마지막에 헬륨에 불이 붙으면 그 열이 대단하게 됩니다.

그렇게 되면 태양의 중력으로 막지 못하고 폭발하게 되면 태양 주변의 행성들도 파괴되게 된다고 봅니다. 그러나 50억 년이면 인간의 능력은 대단히 발전하고 태양을 관리 할 수 있게 됩니다. 어떻게 관리할 것인가는 지금은 답변할 필요가 없습니다. 그러나 인간이 끝없이 발전 할 수 있다는 것만은 우리가 확실히 말할 수 있습니다. 여기서도 과학자들은 그런 걸 잘 몰라서 자꾸 의문을 제기합니다.

헬륨에 불이 붙게 되면 더 많은 원소들이 나옵니다. 수소보다 훨씬 온도가 강합니다. 내부 온도가 약 1억℃이상 됩니다. 지금 태양 내부 온도가 1,600만℃정도인데 헬륨에 불이 붙게 되면 내부 온도가 1억℃됩니다. 이렇게 되면 핵융합의 범위가 넓어지고 이때 마지막에 남는 제일 안정한 원소는 철입니다. 철보다 무거운 것들은 태양보다 더 큰 천체에서나 핵융합이 될 수 있습니다. 그리고 초신성이 나올 때는 우라늄보다 더 무거운 것이 나올 수 있습니다.

그 다음에 중요한 것은 인간의 창조적 능력이 계속 발전하게 된다는 것입니다. 발전하면 할수록 그것이(창조적 능력) 더 빨리 발전한다는 것입니다. 창조적 능력이 발전하면 할수록 자주적 지위는 더 올라갑니다.

자주적 지위란 자유입니다. 그래서 더 자유롭게 됩니다. 지금 과학자들은 인간의 인식 능력에는 제한이 있다 그렇기 때문에 그 이상으로서는 인식을 못하게 된다고 하는데 그것은 현재의 인간을 두고 하는 말입니다. 그전에도 지금과 같이 인식 능력이 발전할 것이라고는 도저히 생각 못했습니다.

그렇다면 그 인식 능력이란 무엇인가? 우리가 발전하면 할수록 주동성과 능동성이 발전합니다. 사물에 대해서 우리의 주동성과 능동성이 인식으로써 나타나는 것입니다. 발전된 사람은 어린아이의 심리를 잘 압니다. 사람은 짐승이 어떻게 행동하리라는 것을 잘 압니다. 이것과 마찬가지입니다. 우리가 발전하면 할수록 주동성과 능동성이 앞서서 사물과의 관계를 파악합니다. 이것이 인식입니다. 인식 능력이란 주동성과 능동성의 발전 결과입니다. 그러면 주동성과 능동성이 발전할 수 있는 가능성은 있는가? 그것은 끝없이 있습니다.

지금 현재 상태로 가도 인간이 자연을 개조해서 자연의 힘을 인간의 힘으로 전환시키는 것을 막지 못합니다. 이것이 계속 축적되면 자연의 주동성과 능동성이 강화됩니다. 그런데 이것만 기대할 뿐 아니라 인간이 또한 자기 자체를 개조해 나갈 수 있습니다. 어떻게, 어떤 길을 통해서 인간의 인식 능력이 비약적으로 더 발전하겠는가? 인간의 의식 능력이 몇 백 년, 몇 천 년 가면서 주동성과 능동성이 자꾸 강화됩니다. 처음에는 양적으로 강화됩니다. 양적으로 인간의 물질적 힘이 강화되고 주동성과 능동성이 강화되면서 인식 능력이 강화됩니다. 그것은 지금까지 동물 세계에서는 인식할 수 없었던 것을 인간이 인식하게 되고 인간이 발전하면서 다른 기계를 이용해서 현미경, 망원경 등 이런 기계들이 더 발전 할 뿐만 아니라 인간 자체를 개조해 나가게 됩니다.

다시 말해서 인식의 대상에 비해서 인식의 주체인 인간은 자꾸 발전하고, 발전하면 발전할수록 더 발전하기 때문에 대상을 인식해 나가는 넓이와 깊이는 더 커져 나갑니다. 여기에 대한 철학적인 해명은 그렇습니다. 발전한다는 것은 주체의 주동성과 능동성을 자꾸 강화 시켜나간다는 것입니다. 주동성과 능동성은 물질의 결합수준이 높아 가면 높아갈수록 더 높아가게 된다는 것입니다. 그 결합 수준이 높아가는 것은 막을 수 없는 것이 기본 원리입니다.

인간이나 다른 것이 발전하려면 자꾸 결합되어 나가야 하는데 결합되는 것을 막을 순 없습니다. 그 결합이 계속 강화되면서 주동성과 능동성이 높아지면 거기서 생명과 정신이 나오게 됩니다. 그래서 인간이 자연을 개조해서 결합 수준을 높여 가면서 동시에 주동성과 능동성을 높여 가면 정신 수준이 자꾸 높아집니다. 그렇기 때문에 지금으로서는 인식할 수 없는 것도 다음에는 인식할 수 있게 됩니다. 우리가 상상 할 수 있는 것은 현재 우리의 육체는 자연 발생적으로 진화 과정에서 만들어진 것인데 약 1,000년 쯤 후에는 부분적으로 개조해 나갈 수 있을 것입니다.

눈 같은 것도 지금은 표면상으로 밖엔 보지 못하는 것을 꿰뚫고서 볼 수 있는 것으로 개조할 수 있습니다. 중성미자는 다 뚫고 나갑니다. 이런 특수 물질로 눈을 개조 가능합니다. 매의 눈은 인간의 눈의 8배입니다. 자연 발생적으로 된 것이지만 이것은 인간이 얼마든지 과학 발전에 따라서 개조 가능합니다. 그런데 그것은 세계가 하나로 민주주의로 통일되는 몇 백 년 후에나 가능합니다.

그래야 우리가 속해 있는 우주만 해도 10만 광년인데 100년도 못 사는 육체를 가지고 은하계의 주인이 될 수 없습니다. 지금은 우주선 타는 사람들 신체 검사하고 - 이렇게 불편해서야 어떻게 우주를 갔다 오겠어요. 특수한 사람들이나 갔다 오는 것이죠. 이것이 맘대로 옆집에 여행을 다니듯 되려면 육체 자체도 개조해야 됩니다. 지금은 자연 발생적으로 진화된 것을 잘 보존하는, 건강 장수하게 보존하는 것이 문제입니다. 아직은 이것을 개조하는 문제가 제기되지 않습니다.

그러면 이것을 어떻게 발전시킬 것인가?

첫째, 사회적 재부를 자꾸 늘려서 예를 들면 자기의 대리인을 로봇으로 만들어 발전시켜 나가는 것이 있고, 둘째, 육체 자체를 지금 같은 자료가 아닌 다른 자료, 처음에는 뼈 같은 것을 기계적으로 운동하는 것으로부터 출발해서 궁극적으로 뇌세포를 개조해 나가는 것입니다.

미리 알려고 할 필요도 없습니다. 우리 철학에서는 그것이 가능하다는 것, 왜 가능한가 하는 것을 원리적으로 설명하는 것입니다. 이제 그것을 아리스토텔레스가 생각한 것처럼 미래가 이렇게 된다 해놓으면 과학하고 맞지 않고 쓸데없는 것이 됩니다.

그래서 철학은 가능성, 이렇게 나갈 수 있다는 원리를 밝혀 주는 것 이상으로 나가서는 안 됩니다. 그래서 인간의 자주적 지위와 창조적 역할은 계속 높아져 나갑니다. 여기서 인간의 자주적 지위와 창조적 역할에서 주체는 인간 집단입니다. 그러면 집단주의가 옳지 않은가 하고 이해할 수 있습니다. 그런데 그렇지 않습니다. 개인주의를 무시하고 집단주의에 의거하면 세계에서 차지하는 집단의 지위가 높아가지 않습니다.

집단의 발전이란 개인의 다양한 발전에 기초해서 통일되고 결합되어야만 집단의 힘이 강해집니다. 또한 집단의 통일과 협조를 무시하고 개인의 발전만 생각하면 집단의 지위가 올라가는가? 그것도 안됩니다. 그래서 개인의 발전과 집단의 발전을 잘 결합시켰을 때만 세계에서 차지하는 인간의 지위와 역할이 높아집니다. 그렇기 때문에 무엇이 옳은가? 어떤 행동이 옳고 어떤 행동은 잘못되었는가 하는 것을 절대적으로 가르는 기준은 그 결과가 인류에 즉 집단에 세계에서 차지하는 자주적 지위와 창조적 역할을 높이는 데 이바지 했는가, 방해가 되었는가 하는 것이 절대적인 기준입니다.

인간의 세계에서 차지하는 자주적 지위와 창조적 역할을 높이는 데 이바지 했다하는 것은 옳은 것으로 판단해야 하고 이것의 반대는 인간 발전에 장애로 되었다고 판단하고 옳지 않은 것으로 평가해야 합니다.

지금은 지구 하나도 제대로 관리를 못하고 있기 때문에 철학적 사고가 필요합니다.

그러나 앞으로 핵에너지 문제만 해결되어도 사람들의 의식, 욕망이 달라집니다. 가능성이 그 만큼 커집니다. 왜 중수소만 이용 하겠어요? 모든 물을 다 이용할 수 있게 되지요. 더 나아가서는 다른 물질을 다 핵융합 할 수 있게 됩니다. 자연 발생적으로 지금도 진행되고 있습니다. 자연 발생적으로 모든 물질이 다 핵융합이 가능합니다. 그것이 '초신성'입니다.

'초신성'이란 은하계에서 100년에 한 번씩 일어나는 것입니다. 태양보다 10배 큰 별의 경우에는 철이 형성되는데 이것이 핵융합이 될 때는 올리는 열과 내려 누르는 압력의 밸런스가 맞지만 핵융합이 끝나고 철만 남으면 내리 누르는 압력을 견디지 못하고 무너지면 열이 극도로 올라가면서 폭발이 됩니다. 이때 열이 태양의 100억 배, 태양이 100억 년 동안 내는 열을 한꺼번에 냅니다. 그러면 우라늄보다 더 무거운 것들이

다 핵융합으로 생성됩니다. 이것이 초신성입니다. 우리 은하계에서는 100년에 한 번쯤 일어난다고 합니다. 그래서 전체 질량의 약 1/10,000이 열로 전환됩니다. 그것은 대단한 것입니다. 태양에서는 0.7%가 열로 전환됩니다. 그때는 모든 원소들이 핵융합에 다 참가합니다. 원래 아인슈타인의 공식이 그렇게 되어 있습니다. $E=mc^2$. 임의의 물질을 다 에너지로 변화시킬 수 있고 임의의 에너지를 물질로 전환 시킬 수 있는 가능성이 있다는 것입니다.

결국은 원소의 질량이라고 하는 것은 핵자가 몇이 들어가 있는가 하는 것입니다.

핵자란 양성자와 중성자입니다. 핵자=양성자+중성자. 이것은 거의 같습니다. 중성자가 조금 중량이 더 있다고 볼 수 있지만 왔다 갔다 합니다. 그 중성자는 15분밖엔 견디지(살지) 못합니다.

그러니까 이런 원소들을 다 만들 수 있습니다. 지금 자연 발생적인 원소는 92개 밖에 없는데 인조 원소까지 합해서 111개입니다. 그것을 보면 자연계에서도 자연 발생적으로 모든 물질이 다 핵융합에 참가한다는 예를 들 수 있습니다. 앞으로 과학이 발전하게 되면 왜 수소만 이용하겠습니까? 다른 것도 다 이용할 수 있다는 얘기를 하는 것입니다. 그래서 아인슈타인의 $E=mc^2$ 공식이 맞는다. 그것은 우리가 마음대로 에너지를 만들어 쓸 수 있고, 또 에너지를 가지고 마음대로 어떤 물질이

든지 만들 수 있는 가능성이 있다는 것을 말합니다.

그래서 인간이 자꾸 발전하게 되면 인간을 발전시키는 과정인 동시에 상대방인 우주를 발전시켜 나갑니다. 지금 과학적인 방법으로써 개조해 나가는 것이 몇 100년밖엔 안 되는데 이제 앞으로 3천 년, 3만 년 3억 년으로 가면 인간 자신의 발전 수준과 인간이 차지하고 있는 사회적 재부의 발전 수준이 엄청나게 커지게 됩니다. 따라서 지금 우주는 자꾸 팽창된다고 하지만 인간은 우주를 자기 주위에 에너지를 뭉치게 해서 인간중심의 세계로 변화해 나갑니다.

처음에는 지구를, 다음에는 태양계를 그 다음은 은하수계를 우리가 지배, 관리하게 됩니다. 지금 미국 과학자들에 의하면 200만 년이면 인간이 은하계를 지배하게 된다고 합니다. 200만 년은 아직 멀었어요. 그러니까 그 어간에 그만큼 인간이 발전해서 우리가 10만 광년짜리의 우주를 지배할 수 있게 된다고 합니다. 그 사람들의 말은 식민화하게 되어 그것을 다 관리하고 사람들이 가서 살 수 있게 만든다고 합니다. 그러니까 앞으로 어떻게 변할 것이라는 문제를 가지고서 우리가 지금 논의할 것은 못되고 그렇게 발전할 수 있다는 것, 가능성, 인간중심의 세계로 발전하게 된다는 것입니다.

인간은 그런 의미에서 보면 우주와 대립되어 있는 존재가 아닌 우주의 대표자로 된다는 것입니다. 그래서 인간이 발전하면서 자기 자신을 발전시킬 뿐만 아니라 우주도 발전시켜 나간다는 것입니다. 여기서 교훈을 찾을 수 있는 것은 인간보다 더 발전된 존재는 지금까지는 있을 수가 없다는 것입니다. 적어도 과학자들도 그렇게 인정하는데 이 은하계 우주에만은 우리 인간 외에는 인간이 있을 수 없다. 그렇기 때문에 인간보다 더 발전된 존재가 없고 빨리 발전하고 있기 때문에 다른 사물에 대해 신비화할 필요가 없습니다. 인간이 가장 발전된 존재이고 가장 빨리 발전할 수 있는 존재이기 때문에 여기에 의거해서 발전시켜 나가고 인간을 발전시키기 위해서 노력해야 합니다. 자꾸 다른 것, 무슨 허황된 것을 가지고서 기대를 걸 필요는 없습니다.

여기서 중요한 것은 인간의 자주적 지위와 창조적 역할이 무한히 발전할 수 있다는 것입니다. 그 과정이자 곧 인간중심으로써 세계가 발전해 나가는 과정입니다. 지금 동물이나 이런 것들도 인간이 봐주어서 자꾸 발전해 나가야지 그냥 놔두면 다 멸종되고 맙니다.

마르크스주의에서는 계급 해방을 목표로 삼았지만 우리는 세계가 하나로 통일되는 것, 민주주의로 통일되는 것을 일단은 인류 발전에서 도달해야 할 목표로 삼고 있습니다. 그 다음에는 어떻게 발전될 것인가는 일반적인 원칙은 이야기 할 수 있어도 구체적으로 어떤 방향으로 나가야 할 것인가는 지금부터 이야기할 필요는 없습니다.

그래서 인간이란 대단히 귀중한 존재이기 때문에 인류 발전을 위해서 노력해야 한다는 것입니다. 그냥 먹고 살다가 죽게 되면 이 세상에 태어나지 않은 것과 같습니다.

가장 발전된 존재인 인간은 개인으로서는 그것으로 끝나기 때문에 그 인간의 뿌리는 역시 인류이므로 인류가 계속 존재하고 발전해 나가야 의미가 있는 것입니다. 그것이 멸망해 버리면 개인적 존재로도 아무런 의미가 없습니다. 그렇기 때문에 사람이 왜 사는가? 무엇 때문에 사는가? 자기가 행복하게 사는 것도 목적이지만 그저 만족스럽게 산다, 걱정 없이 살다 죽는다면 세상에 나지 않았던 것과 같습니다. 그렇다고 큰 발명을 해야 하는 것은 아니지만 성실히 일해서 인류 발전에 이바지하도록 살다 죽어야지 그렇지 않고 자기 혼자 살다 죽었다는 것은 아무 의미도 없고 세상에 나오지 않은 것과 다름없습니다.

우리 젊은이들에게도 어떻게 뜻 깊게 살 것인가 하는 인생관을 심어 주어야 합니다. 사람이 가장 귀중한 존재이고 가장 위대한 존재이며 가장 발전된 존재이기 때문에 다른 것을 신비화할 필요가 없고 사람을 중심으로 계속 발전시켜 나가야 합니다.

이상 말한 세가지가 인간중심철학을 구성하고 있는 3대 구성요소다. 이 세가지 요소는 끝없이 연구하고 탐구해서 인간의 운명개척을 위해서 발전시켜 나가야 한다.

다. 왜 인간을 중심으로 봐야 하는가.
   "인간중심"이란 철학적 의미는?

① 인간을 중심으로 봐야 한다고 하면 어떤 사람들은 세상이 얼마나 넓은지 몰라서 그런소리를 한다고 생각을 했다. 특히 마르크스주의자들은 그것은 지구 중심설이나 같다고 말했다. 과거 과학이 발전되지 않았을 때는 지구를 태양이 돈다고 생각을했고, 인간이란 몇 사람 되지도 않았고 양적으로 봐도 보잘 것 없는데 어떻게 인간을 중심으로 봐야 하는가? 철학이란 우주의 본질이 무엇인가? 세계의 공통적인 영구불변한 진리가 무엇인가 하는 것을 연구해야지 인간을 중심으로 본다는 것 자체가 철학의 대상으로 될 수가 없다고 생각을 하기도 했다.

② 과거에 마르크스주의자들은 물질은 객관적으로 존재한다는 것만 인정했다. 물질이 주관성이 있다고 하면 관념론자라고 했다. 그러면 어떻게 해서 마르크스주의자들의 이 논리를 극복할 수 있었는가?

③ 인간중심철학이 인간을 중심으로 생각하면서 극복할 수 있었다. 인간에게는 생명이 있고 정신이 있고 자기를 보존하려는 성질이 있다. 그러면서 육체를 가지고 있는 물질적 존재다.

그래서 유물론과 관념론의 일면성을 극복할 수 있었던 것은 가장 발전된 존재인 사람을 중심으로 해서 봤기 때문이다.

④ 마르크스주의자들은 필연의 법칙을 알게 되면 필연의 법칙에서 해방될 수 있다고 했다. 그래서 "자유는 필연의 자각"이다 라고 했다. 그러나 자유의 본질은 창조력이다. 그래서 자유는 창조해 나가야 한다. 세계(자연)와의 관계에서 계속 자연에 복종하는 것이 아니라 자연을 개조해서 인간에게 복종시켜 나가야한다.

그렇기 때문에 지금은 우리 인간이 이 지구 하나도 관리하지 못하지만 한 100년 전후로 지구를 관리할 수 있을 것이라고 인간중심 철학에서는 보고 있다. 그렇게 되면 세계

(지구)는 인간을 중심으로 하는 세계로 발전하게 된다. 그리고 한 200만년 후에는 우리 은하수계 우주를 인간중심의 세계로 펼쳐나갈수 있다고 인간중심 철학에서는 예단하고 있다.

⑤ 인간을 중심으로 해서 본다는 것은 인간이 이 세계에서 가장 발전된 존재이고, 인간이 우주발전의 방향을 대표하고 있을 뿐만 아니라 인간중심의 세계로 세계를 계속 개조해 나갈수 있는 존재이기 때문이다. 따라서 인간을 중심으로 해서 사고해야 하는 것이 정말 세계의 본질을 이해하는 것이라고 인간중심철학은 보고 있다.

⑥ 세계를 볼 때 인간을 중심으로 봐야 한다는 "인간중심론"을 좀 더 살펴보자. 즉 세계에서 찾이하는 인간의 지위와 역할을 살펴보자.

⑦ 세계란 곧 자연이다. 그리고 세계에서 제일 발전된 존재는 인간이라고 우리는 말하고 있다. 그런데 인간이 가장 발전된 존재라고 해서 자주적 존재는 아니다. 과거 공

룡이 1억 6,000만년 동안 지구를 지배했지만 자주적 존재는 아니었다. 왜 그런가?

자연의 변화에 따라서 운명이 결정되는 것은 자주적 존재가 아니다. 자기의 창조적 역할에 따라서 운명이 결정되는 존재가 자주적 존재다.

⑧ 인간은 자체의 창조적 역할을 통해서 자연의 변화 발전을 극복함으로서 자기의 생존과 발전을 보장해 나간다. 그래서 인간은 자주적 존대다.

⑨ 왜 인간이 자주적 존재인지, 인간의 본질적 특징은 어디에 있는지 살펴보자. 인간은 사회적 존재라는데 있다. 자기의 생명력, 생활력을 객관화해서 사회적으로 이용하고 보존, 발전시킬 수 있는 존재 이기 때문이다. 인간이 만들은 거대한 기계 설비들은 사회적 존재다. 왜 사회적 존재인가? 이러한 기계 설비들은 자연과 운명을 같이하는 것이 아니라 인간과 운명을 같이하기 때문이다. 그런 의미에서 사회적 존재는 생명은 없지만 인간의 생명력의 연장

인 것은 사회적 존재라고 볼 수 있다.

⑩ 세계는 자연적 존재와 사회적 존재로 되어있다. 사회적 존재는 사회적 재부(물질)와 사회적 관계(정신)로 되어있다. 인간은 사회적 재부와 사회적 관계를 가지고 있는 유일한 존재다. 그래서 인간이 발전하면 할수록 사회적 존재도 함께 발전한다. 이런 현상이 무엇인가? 인간중심의 세계가 계속 발전하는 현상이다.

뿐만 아니라 인간중심철학은 인간을 중심으로 한 철학이기 때문에 유물론과 관념론의 일면성을 극복할 수 있었고 마르크스주의철학의 모순과 오류를 극복함으로서 인간중심철학을 창안 정립할 수 있었다.

라. 인간중심철학의 위업

첫째 : 마르크스주의철학 극복

인간중심철학은 위에 언급한 세가지의 구성요소 즉 인

간, 세계, 그리고 세계와 인간과의 관계를 규명하기 위해서 다음과 같은 철학 학설을 제시함으로서 세계 최고, 최후의 철학이라고 주장했던 마르크스주의 철학의 모순과 오류를 극복하고 새롭게 인간중심철학을 창안 정립했다.

둘째 : 생명과 정신의 기원을 해명

인간중심 철학은 생명과 정신의 기원을 과학적 토대와 철학적 논거를 통해서 해명하고 있다.

인간중심철학은 우주만물의 탄생과 변화 발전, 생명의 탄생과 진화 발전, 인간의 탄생과 진화 발전, 그리고 인간만이 가지고 있는 정신의 탄생과 그 위대성을 과학적으로 철학적으로 규명해내고 있다.

셋째 : 정신적 생명력 규명
　　　(자주성, 창조성, 사회적 협조성)

위에서 언급한 바와 같이 인간만이 가지고 있는 정신적

생명력을 토대로 인간의 고유 능력인 자주성, 창조성, 사회적 협조성을 밝힘으로서 인간이 이 세상에서 제일 발전된 존재라는 것을 규명하였을 뿐만 아니라 유물론과 관념론의 일면성을 극복함으로서 인간중심의 세계관과 인생관을 확립하여 인간중심 철학을 정립하였다.

마르크스주의 철학은 세계의 본질은 물질이라고 보고 정신은 물질의 반영이라고 주장했다.

그러나 인간중심철학은 세계의 본질을 규명하기 위해서는 가장 발전된 존재인 인간을 중심으로 봐야한다고 주장한다. 왜냐하면 인간은 정신적 존재이면서 물질적 존재이기 때문이다. 그래서 인간중심철학은 마르크스주의 철학을 극복하고 인간중심철학을 정립할 수 있는 장거를 거두었다.

넷째 : 민주주의 정치철학 정립
(인간은 개인적 존재이면서 집단적 존재)

인간중심철학은 인간은 개인적 존재이면서 집단적 존재

라고 하는 물질존재 형식의 불멸의 진리를 밝히고 있다.

또한 이를 바탕으로 개인주의적 본성과 집단주의적 본성을 구현해 나가는 사회관계 발전의 합법칙성을 제시함으로서 민주주의의 발전방향과 발전방도를 밝혀주는 민주주의 정치철학을 탄생시켰다.

다섯째 : 변증법적 논리학 정립
(철학과 논리학의 새로운 장을 열다)

전통적으로 대립되어 오던 형식논리학과 변증법적 논리학을 통일시킴으로써 논리학 발전에서 새로운 길을 열었다.

종래의 형식논리학에서는 물질의 운동과 변화를 부정했다. 그러나 변증법적 논리학에서는 물질의 운동과 변화를 주장했다.

다 팔자지, 태어난 운명대로 살아야지 하는 형식논리학

적 운명론을 부정하고 우리 인간이 얼마만큼의 자주적이고 창조적인 노력을 발휘하느냐에 따라서 인간의 운명은 변화되고 개척될 수 있다는 변증법적 논리를 주장함으로서 논리학 발전에서 새로운 길을 열었다.

그래서 변증법의 종래의 사변적 논리학의 한계를 깨고 인간의 운명개척을 위한 창조적 실천과 결부시킴으로서 인간은 끝없이 발전할 수 있다는 참다운 운명개척의 발전관을 확립했다. 새로운 운명관을 제시하고 있다.

여섯째 : 자유와 필연의 본질 해명

인간중심철학은 인간의 운명개척을 위한 창조적 역할과 결부해서 자유와 필연의 본질을 해명함으로서 자연과학적 인식과 사화과학적 인식의 본질적 특징을 밝히고 있다.

인간에게는 자유가 있다. 자유의지가 있고 자유능력이 있다. 자유로운 창조적 능력이 있다.

그래서 자유로운 창조성을 발휘해서 우리 인류의 과학

적 인식의 끝없는 발전의 길을 열어 놨다.

그러나 자연은 원인이 있으면 그 원인에 상응한 결과가 있을 뿐이다. 즉 인과 율의 법칙이 있을 뿐이다. 필연의 법칙이 있을 뿐이다.

일곱째 : 존재의 탄생원리, 존재원리, 발전원리

인간중심철학은 인간, 세계 그리고 인간과 세계와의 관계에 대한 구체적이고 실증적인 원리를 밝히기 위해서 모든 존재의 탄생원리와 존재원리 그리고 발전원리를 규명해 내고 있다.

인간과 세계만물은 존재이다. 이와같은 존재(물)는 원래부터 있어왔던 존재인지 아니면 언제인가는 탄생된 것인지, 탄생되었다면 탄생원리는 무엇이고 지금 있는 존재는 탄생되었을 때와 똑같은 것인지 아니면 계속 변화 발전해서 오늘의 존재로 되었는지, 그렇다면 이렇게 변화 발전되어지는 원리, 원인은 무엇인지를 과학적으로 철학적으로 규명하여 인간의 운명개척의 길을 밝히고 있다.

여덟째 : 존재는 발전의 산물

발전된 존재는 처음부터 발전된 존재가 아니고 물질세계의 유구한 발전의 산물이다. 이 세상에서 제일 발전된 존재인 오늘의 인간도 발전의 산물이다.

그러면 우리 인간은 얼마나, 어디까지 발전할 것인가 참으로 궁금하지 않을 수 없다.
인간중심철학은 인간은 천지만물을 창조하신 창조주 하나님으로는 될 수 없지만 하나님 세계에 가장 가깝게 발전할 수 있다고 예단하고 있다.

아홉째 : 객관화 논리

인간중심철학이 정립한 인간의 발전에 대한 탁월한 원리중에 하나는 인간만이 가지고 있는 객관화 능력에 관한 논리이다. 인간중심철학이 제시하고 있는 객관화 논리는 참으로 위대하고 놀라운 발견이다.

그러면 객관화 논리란 무엇인가?

우선 동물들을 보면 동물들은 자기의 생명력을 자기의 몸에만 체현할 뿐이다. 그리고 유전적으로 후대에 전할 뿐이다. 쉬운대로 날짐승들, 특히 까치를 예로 들어 보면 까치는 50년전이나 지금이나 까치집을 조금이라도 변화시키거나 더 편하고 안전하게 발전시키지 못하고 그대로다.

그러나 우리 인간은 다르다. 우리 인간은 계속 자기 선조들이 살아오던 주거 시설을 개선하고 개선해오면서 현대의 우리 주거 문화까지 발전시켜 왔다.

우리 인간은 어떻게 해서 이런 변화와 발전을 가져 올 수 있는가?

여기서 인간중심철학이 제시하고 있는 인간의 발전에 대한 탁월한 원리인 객관화 논리를 살펴 보겠다.

우리 인간은 우리의 생명력을 객관대상에 객관화 시킬

수 있는 능력을 가지고 있다. 이 객관화 능력은 오직 인간만이 가지고 있는 능력이다.

우리 인간은 자기가 생각하고 있는 것을 객관대상에 객관화 시켜서 나 외의 다른 사람들도 알 수 있게 하여 다 함께 이용할 수 있게 한다. 객관화가 제일 처음에 된 것이 우리의 언어다. 그리고 노동 도구다. 그리고 우리가 사용하는 글자다.

객관대상에 우리의 언어와 글로써 그리고 노동도구로 내가 생각하고 있는 것이나 창의해낸 것을 객관화 시켜서 사회화 시키면 모든 사람들이 다함께 알 수 있고 함께 이용할 수 있게 된다.

객관화 시키면 사회화 되고 사회화 되면 계속 축적되어 발전되어져 나간다. 이렇게 됨으로써 사회적 재부가 형성된다.

이 사회적 존재, 즉 사회적 재부와 사회적 관계는 또 다른 사람이 거기에 더 좋은 창조적 생각을 객관화 시킴으로써 개혁되고 변화되어 계속 발전이 이어져 나간다.

  이것이 우리 인간이 생존해 오면서 만들어 축적해 온 문명이다. 그리고 인간의 역사이고 문화이다. 따라서 우리 인간이 오늘의 인간으로까지 발전되어 오도록 한 객관화 능력은 참으로 인간만이 가지고 있는 천부의 은혜가 아닐 수 없다. 이 천부의 은혜를 깨닫지 못하고 살아온 우리 인간에게 깨우쳐 알려준 인간중심철학이 정말 고맙고 위대하지 않을 수 없다.

2. 정치의 탄생과 민주주의의 발견
   민주주의의 발전 – 세계민주화

가. 정치의 탄생

① 인간은 개인적 존재이면서 집단적 존재

우리 인간이 인간자신의 운명 개척을 위해서 발견해낸 것 중에서 가장 위대한 발견은 정치를 탄생시킨 것이다.

인간은 개인적 존재이면서 집단적 존재이다. 집단적 존재인 인간이 살아가려면 만인의 만인에 대한 경쟁, 투쟁은 피할 수 없다. 모든 인간은 살려는 욕망을 가지고 있기 때문에 수많은 다른 사람들과 협조도 하고 투쟁하고 경쟁하는 것은 피할 수 없다. 이것은 생명체의 본성이다.

그런데 개인적 존재일 때는 개인의 뇌수가 자기의 이익과 불이익에 대한 好, 不好를 결정하지만 집단일 경우에는 각기 다른 구성원들을 어떻게 하나로 결합시키고 협조할 수 있게 하는가? 바로 이 일을 하는 것이 정치다.

정치가 집단을 결합시키고 협조할 수 있도록 해서 한 방향으로 나아가도록 한다. 그래서 인간중심철학은 정치의 기능을 결합기능, 협조기능, 지휘기능 등 세가지라고 말하고 있다.

따라서 이렇게 탄생된 정치의 기능을 연구하고 발전시켜 나가는 것은 아주 중요하다. 바로 민주주의 정치철학의 중요성이 여기에 있다.

② 민주주의시대 - 주권재민

지금은 민주주의 시대이다. 반봉건 민주주의 혁명이 일어나기 전에는 우리 인간은 내 생명의 주인은 '나 자신'이라는 것을 감히 생각조차 못했다. 봉건시대에는 내 생명의 주인은 내가 모시고 사는 주인집 어른이고 나라님이라고 생각을 했다. 그런데 반봉건 민주주의 혁명이 일어나면서 내 생명의 주인은 바로 '나 자신'임을 알게 되었다. 그리고 내가 살고 있는 이 나라도 왕이나 내가 모시고 사는 봉건 영주들이 주인이 아니고 바로 내가 주인이라는 것을 알게 되었다.

이때부터 主權在民 사상이 싹트기 시작했다. 이런 '나'는 또다른 수많은 '나'와 협조도 하고 경쟁을 하면서 살아가야 한다.

그런데 이렇게 협조와 경쟁이라는 모순관계에 있는 개인적 존재가 모여서 집단적 존재로 된 국가사회의 운명개척에 맞는 목적의식적인 관리기능과 지휘기능이 필요한데 이 일을 누가 하는가? 이 일을 하는 것이 정치다.

③ 정치 - 생명체 자체의 관리기능

정치기능은 생명체 밖으로부터의 강요(지휘, 통제)가 아닌 생명체 자체가 자기의 생명을 보장하기 위하여 진행하는 자체관리 기능이며 자체의 지휘기능이다. 이 기능은 사회적 집단의 생존을 담보하는 본질적 기능이다.

　사회적 집단인 국가사회에서 사람들은 무질서하게 사회적 운동에 참가하는 것이 아니라 일정한 지위를 차지하고 그 지위에 맞는 일정한 역할을 담당하는 질서에 따라 사회생활을 한다. 사회관계는 본질상 사회에서 차지하는 사람들의 지위와 역할을 규제하는 관계다. 바로 정치가 사회관계를 관리하는 기능을 통해서 사회에서 차지하는 사람들의 지위와 역할을 통일적으로 관리한다.

④ 정치 - 각이한 인간들의 욕구조절

　또한 사람들은 될수록 사회에서 보다 더 높은 지위를 차지하고 보다 더 높은 역할을 담당할 것을 요구하고 더 많은 이익을 추구하려고 한다. 이와 같이 국가사회를 구성하고 있는 수많은 각이한 사람들의 욕구를 국가사회의 발전적 질서에 맞게 조절하고 이끌어 나가는 기능 또한 정치의 기본 기능이다.

나. 민주주의의 발견

① 정치의 탄생과 민주주의의 발견

위에서 언급했듯이 사회는 수많은 각이한 개인적 존재들이 모여서 살아가고 있는 집단적 공동체이다. 수많은 개인들은 각기 다른 욕망을 가지고 있다. 이와같이 각기 다른 욕망을 집단적 존재인 사회 공동체의 발전에 맞게 통일시키지 않고서는 사회를 유지, 발전시켜 나갈 수 없다.

그러면 어떻게 각이한 욕망을 통일시켜 나갈 수 있는가?

여기서 탄생된 것이 정치이고 이 정치 행위를 통해서 발견한 것이 민주주의이다. 민주주의 제도이고 민주주의 정치철학이다.

각기 다른 욕망을 가지고 있는 개인들을 집단적 존재인 사회공동체의 발전에 맞게 통일시키는 일을 정치가 한다. 그러면 이 정치행위를 어떻게 발휘해서 사회공동체의 욕망을 하나로 통일시키는가? 여기서 발견해낸 것이 민주주의다.

우리 인간이 아직 무지몽매했던 봉건독재사회까지만 해도 사회공동체의 의사결정은 오직 절대군주 혼자 자기의 마음 내키는대로 결정하고 실행했다. 국가사회의 구성원들은 자기의 생존에 관한 중대한 일임에도 감히 참여할 생각조차 못했다. 그러다가 반봉건 민주주의 혁명을 통해서 내 생명의 주인은 '나 자신'이라는 것을 깨닫게 되었다.

② 자유와 평등 - 민주주의의 기본토양

이때부터 모든 사람은 자기의 생존과 발전을 위해서 자유롭게 활동하고 살아갈 수 있다는 자유사상과 함께 모든 사람은 어떠한 차별도 받아서는 안된다는 평등사상이 잉태하게 되었다. 이 자유와 평등사상은 참으로 소중한 민주주의의 기본토양이다.

그래서 민주주의는 자유와 평등은 인간의 본성적 요구라고 선언하고 있다. 인간은 유구한 세월을 살아오면서 자유와 평등사상을 갖기까지는 참으로 고되고 험난한 고통을 겪고서야 어렵게 깨우쳐 얻어냈다.

이 자유와 평등사상에 기초해서 사회공동체를 구성하고 있는 각기 다른 구성원들의 욕망을 사회공동체의 발전에 맞게 통일시키기 위해서는 수없이 많은 시행착오와 투쟁을 해왔다. 이렇게 어렵게 얻어낸 우리 인간의 소중한 유산이 바로 민주주의 제도다.

민주주의 제도는 각기 다른 구성원들의 욕망과 욕구를 하나로 통일시키기 위해서는 끝없는 대화와 토론이라는 정치행위를 제일의 수단으로 하고 있다. 그러나 대화와 토론을 통해서도 통일된 의사결정을 이루지 못할 때는 자유와 평등이 보장되는 다수결 원칙을 채택하고 있다.

③ 폭력과 기만 - 민주주의의 적

인간이 살아오면서 발견하여 성취해낸 가장 소중한 제도 중의 하나가 민주주의 제도이다. 민주주의만큼 구성원들을 자발적으로-폭력과 기만이 아닌-하나로 단결시키고 결합시켜서 인간이 발전해 나가야 할 발전방향을 위해서 노력할 수 있도록 하는 제도는 없다. 민주주의 제도는 정말 고되고 험난한 투쟁을 통해서 얻어낸 우리 인간의 승리의 월계관이라고 말할 수 있다.

인간 외의 다른 어떤 생명체에서도 찾아볼 수 없는 인간에게만 주어진 축복이 아닐 수 없다. 동물세계에서는 오직 폭력에 의한 질서가 있을 뿐이다.

④ 민주주의의 사명 - 새로운 욕망창출 - 세계민주화

그런데 민주주의의 발전과정에서 민주주의의 가장 중요한 사명은 끊임없이 새로운 욕망을 창출해서 우리 인간에게 제시하는 일이라는 것을 깨닫게 되었다. 왜냐하면 우리 인간은 살려는 욕망이 있고 그 욕망은 끝없이 더 잘살려는 새로운 욕망으로 채워지기 때문이다.

새롭고 희망에 찬 욕망을 창출해서 제시할 때 우리 인간은 그 욕망을 실현하려는 부푼 꿈을 안고 최선의 노력을 함으로써 행복하고 즐거운 삶을 누릴 수 있고 이것은 결국 인간사회를 발전으로 이끄는 동력으로 되기 때문이다.

⑤ 정의의 원리 - 정의의 법칙
　사랑의 원리 - 사랑의 법칙

　인간과 인간사회가 존재하고 발전되어지는데는 두 개의 원리, 두 개의 법칙이 있다.
　하나는 정의의 원리이고 다른 하나는 사랑의 원리 이다.
　그래서 동양에서는 孟子의 성선설이 있었고 荀子의 성악설이 있었다.

　孟子는 사람의 본성은 善이라고 주장했다. 사람은 원래 태어나기를 선한 마음을 가지고 태어나기 때문에 인격수련을 통해서 德性을 함양할 수 있다고 주장했다.

　이에 반해서 荀子는 성악설을 주장했다. 사람은 살려는 욕망을 가지고 태어나기 때문에 이러한 인간은 만인의 만인에 대한 투쟁은 피할 수 없고 이것은 곧 "나" 아닌 모든 사람을 투쟁하고 대결, 경쟁해야 할 대상으로 봐야 한다는 성악설을 주장했다.
　사랑의 원리와 정의의 원리는 자본주의와 공산주의의

기본적 핵심원리에서 뚜렷이 갈라져서 대립되었다.

자본주의 즉 개인중심주의는 인간사회의 모든 문제는 정의의 원리, 정의의 원칙에 따라서 철저하게 판단하고 재단하고 대처해야 한다고 주장했다.

자본주의는 모든 문제를 대할 때 옳으냐 옳지 않으냐, 나에게 이익이 되느냐 해가 되느냐, 합리적이냐 불합리하냐 하는 정의의 원칙을 가지고 대처해야 한다고 주장했다. 그래서 철저하게 등가교환, 등가보상을 원칙으로 하는 자유경쟁에 기초한 시장경제를 채택하고 있다.

반면에 공산주의, 사회주의는 사랑의 원리, 사랑의 원칙에 따라서 인간사회를 재단하고 이끌어 나가야 한다고 주장했다. 자유경쟁에서 패배한 무산자들, 무산계급도 측은지심을 가지고 사랑하는 마음으로 함께 살아가야 할 같은 인간이기 때문에 다함께 나눠 먹어야 한다면서 자본가들이 독식하는 자본주의를 반대하고 공산주의, 사회주의 사회를 주장했다.

그런데 인간중심철학은 사랑과 정의는 대립개념이 아닌 상보개념으로 보고 있다. 참다운 정의의 실천은 공정하고 공평한 사랑의 열매를 맺으며 진정한 사랑의 실천은 궁극적으로 정의의 실천으로 귀결되기 때문이다.

정의의 완성은 사랑이어야 하고 사랑의 완성은 정의이어야 한다.

무조건적 사랑, 아가페적 사랑도 어떤 결과든 결과를 낳는다. 결과는 원인의 산물이다. 그런데 모든 원인을 발생케 하는 토대는 그 원인에 합당한 원리 즉 정의이다. 그래서 사랑의 바탕은 정의가 되어야 한다.

마르크스주의자들은 철저하게 사랑과 정의를 대립 시켰다. 그리고 그들은 철저한 사랑실천 주의자들이라고 주장한다. 자유경쟁에서 패배한 무산자들, 무산계급을 측은지심을 가지고 사랑해야 한다고 주장한다. 그래서 무조건 다 같이 나눠 먹어야 한다고 한다.

내것 네것이 없는 공산주의 사회를 만들어야 한다고 주장한다.

그런데 Ironical 하게도 무산계급을 사랑해야 한다는 명분만으로 자본가들, 자본계급은 무산자들, 무산계급을 수탈하는 철천지 원수라고 저주하고 미워하고 타도해야 할 대상이라고 주장한다.

그래서 그들은 사랑과는 정반대 개념인 미워하고 저주하는 증오심을 정의라고 믿으면서 소위 증오와 위선의 과학인 사회주의, 공산주의를 설계했다.

결국 정의없는 사랑만으로 인간사회를 설계했기 때문에 한순간 무너졌다.
1980년대말-1990년대 초에 소련을 중심으로 공산주의 국가들이 와르르 무너져 버렸다.

3. 인류사회 역사발전론

가. 마르크스주의 철학 – 역사발전 5단계설 주장

제1단계 : 원시공동체사회
제2단계 : 노예사회
제3단계 : 봉건사회
제4단계 : 자본주의사회
제5단계 : 사회주의, 공산주의사회

자본주의사회는 자체의 기본모순으로 인해서 필멸되고 제5단계인 사회주의, 공산주의사회로 되는 것은 필연이라고 주장했다.

나. 인간중심철학 – 역사발전 5단계설 부인

마르크스주의 철학이 주장한 역사발전 5단계설을 부인하고 오직 민주주의의 영원한 발전만이 있을 뿐이라고 주장하고 있다.

인간중심철학은 인류사회의 역사발전은 오직 민주주의를 계속 개선하고 발전시켜 나가는 길 뿐이라고 주장한다.

뿐만 아니라 마르크스주의자들이 주장하는대로 자본주의사회(개인중심의 민주주의사회)에서 사회주의, 공산주의 사회로는 결코 되어질 수도 없을 뿐만 아니라, 만약 사회주의, 공산주의 사회로 되어진다면 그것은 역사의 발전이 아니라 퇴보라고 단언을 한다.

그러면 인간중심철학이 주장하는 민주주의를 계속 개선, 발전시켜 나가는 방법은 무엇인가?

첫째, 공동(집단)의 이익의 수준을 계속 높여 나가면서 공동의 이익과 개인의 이익을 일치시켜 나가도록 하고
둘째, 공동(집단)의 이익과 개인의 이익을 일치시키는 데는 반드시 권리와 의무를 통일시켜야 하고
셋째, 개인중심주의의 강점과 장점, 그리고 집단중심주

의의 강점과 장점을 인간의 발전수준(민주주의의 발전수준)에 맞게 계속 결합시키고 통일시켜 나가야 한다고 주장한다.

이렇게 발전되어지는 민주주의의 발전의 종국적 목표는 무엇인가? 세계민주화이다. 세계가 민주주의적으로 통일되는 지구촌 세상을 말한다. 창조주 하나님이 일구시려는 하나님 세상을 말한다.

◆ 그런데 20세기에 들어와서 인류사회는 뚜렷하게 두 개의 현상으로 갈라져서 경쟁해 오고 있다.

자본주의 사회와 사회주의, 공산주의사회로 갈라져서 경쟁해 왔다.

왜 이런 현상이 나타나는가?

인간중심철학은 인간의 역사는 두 기류로 갈라져서 발전된다고 보고 있다.

하나는 : 자연법칙과 자유주의에 기초한 자본주의 사회 (개인 중심의 민주주의 사회) - 정의의원리-정의의법칙

또하나 : 현상의 오류극복을 위한 이상사회-사회주의 공산주의사회(집단중심의사회)-사랑의원리-사랑의법칙

으로 갈라져서 발전한다고 보고 있다.

이렇게 두 개의 기류로 갈라져서 경쟁을 해 오던 과정에서 1980년 말~1990년 초에 큰 사변이 발생했다. 동유럽(1989년), 소련(1991년) 등 사회주의 사회가 붕괴되어 70여년간 사회주의의 실험이 실패로 돌아갔기 때문이다.

그런데 오직 북한만이 버티면서 1인 수령독재 체제를 유지해 왔지만 유사 이래 최악의 생지옥으로 되어졌다.

◆ 그렇게 70여 년간 처절하게 버텨오던 북한이 2018년 6월 12일 북미회담을 전격적으로 수용하고 Trump - 김정은 회담이 성사되었다.

◆ 이런 상황을 토대로

① 21세기 인류사회의 역사발전의 기본방향은 무엇인가?
② 과연 자본주의 사회에서 사회주의, 공산주의 사회로 이행될 것인가?
③ 오늘날 인류사회는 어디까지 발전해 왔고 앞으로 어떻게 발전해 갈 것인가를 검토해 보겠다.

◆ 인간중심철학에서는 사회발전은 결국 인간의 발전이라고 규명하고 있다. 따라서 인간을 중심으로 해서 역사발전 과정을 봐야 한다. 그러면 인간발전의 요인은 무엇인가?

인간중심철학에서는 오직 인간만이 가지고 있는 인간의 3대 생명력이 인간의 발전요인이라고 설명하고 있다.

① 정신적 생명력
② 물질적 생명력
③ 사회협조적 생명력

등을 인간의 3대 생명력이라고 말한다. 다른 말로 표현하면

① 자주성
② 창조성
③ 사회적 협조성

이라고 말한다.

인간의 3대 생명력인 자주성, 창조성, 사회적 협조성은 민주주의의 기본적 토양이다. 그래서 3대 생명력을 갖고 있는 인간의 발전 방향은 결국 민주주의의 영원한 발전이라고 말할 수 있다.

이 길만이 인간자신의 발전 방향과도 맞고 인간사회의 발전 방향과도 맞는다.

◆ 그렇다면 민주주의 발전의 종국적 목표는 무엇인가?

민주주의의 발전의 종국적 목표-세계민주화

　인간중심철학에서는 세계민주화가 민주주의 발전의 종국적 목표라고 천명하고 있다. 세계가 민주주의적으로 통일되어 하나의 지구촌 마을로 되어져야 한다고 주장하고 한다.

4. 세계민주화란 무엇인가?

가. 세계민주화 정의

국가를 기본단위-세계를 기본단위-민주주의정치철학 학설

국가를 기본단위로 하는 민주주의로부터 전인류를, 전 세계를 하나의 단위로 하는 민주주의로 발전시켜야 한다는 민주주의 정치철학 학설이다.

국가중심의 세계질서, 국제질서를 인간중심의 세계질서로 발전시켜 나가야 한다는 인간중심철학에 기초한 민주주의 정치철학 이론이다.

한 나라 안에서도 민주주의적 원칙이 국가질서의 기본이 되어야 할 뿐만 아니라 국가간에도 민주주의적 질서가 기본이 되어야 한다는 것이다.

현재는 한 국가 안에서의 민주주의는 중요시 하면서 국가간의 민주적 질서는 경시하고 있다. 뿐만 아니라 강대국들은 자기들 국가 이익만을 위해서 세계인류의 생명과 재산, 자유와 평등, 그리고 인권 등을 희생시키면서 극한 대립, 극한 경쟁, 참혹한 전쟁을 일삼고 있다.

지금 세계는 제국주의적 국가관에서 벗어나지 못하고 국가본위적 이기주의에 매달려 세계인류의 생명과 재산을 무참히 희생시키고 있다. 이 모든 문제를 해결할 수 있는 길은 오직 세계민주화의 길 뿐이다.

국가를 기본단위로 하는 민주주의로부터 전인류를 기본단위로 하는 민주주의로의 발전은 민주주의 발전의 필연적 과정이다.

나. 세계민주화의 역사적 필연성

1) 초과학문명시대 - 세계화시대

인간중심철학에서는 인간의 발전은 끝이 없다고 보고 있다.

날이 갈수록 지구촌 세계는 전인류가 공동의 생활권 속에서 살아가고 전세계 인류들의 관계도 더욱 밀접하게 되어져 가고 있다. 그러므로 세계를 민주화하여 세계적 범위에서 전인류의 협조관계를 강화해 나가는 것은 한 나라 안에서의 민주화가 필요한 것과 마찬가지로 인류발전의 필수적 요구다.

초과학 문명시대의 세계에서 살아가고 있는 지구촌 세상은 이미 세계화의 길로 들어서 있다. 이와같은 세계화 추세는 막을 수 없다. 세계화는 역사발전의 필연적 과정이기 때문이다.

국경의 개념은 점점 약해지고 있다. 앞으로는 상징적 개념으로 될 수밖에 없다. 한 나라안에서의 道 분계선이나 郡 분계선 정도의 개념으로 바뀌게 될 것이다.

결국 세계는 하나의 지구촌 마을로 될 것이다. 그래서 현재와 같은 초과학 문명시대를 原始反本의 시대라고 한다.

인류사회의 발전과정에서 최초의 사회형태는 원시공동체사회였다. 그때는 국가도 없었고 민족과 종족도 없었다.

따라서 초과학 문명시대에서 살아가고 있는 현 세계는 민주주의적으로 통일되어 하나의 지구촌 마을로 되어지는 것은 피할 수 없는 추세다.

2) 민주주의의 발전 - 인간의(생명력의) 발전에 상응하게 발전

뿐만 아니라 민주주의도 계속 발전해야 한다. 민주주의의 내용은 고정불변한 것이 될 수가 없기 때문이다.

왜냐하면 민주주의는 인간의 사회적 본성에 맞는 생존방식인 만큼 인간의 생명력의 발전에 상응하게 민주주의의 내용도 변화 발전하지 않으면 안된다.

오늘날 민주주의는 국가를 단위로 하는 민주주의로 부터 세계를 단위로 하는 민주주의로 발전하지 않으면 안되는 역사적 계선에 와 있다.

따라서 우리 인류가 민주주의를 더욱 발전시키기 위해서는 민주주의적 생존방식 자체를 현재와 같은 국가본위적인 민주주의로부터 전인류적인 민주주의로 발전시키지 않으면 안된다.

3) 인류발전의 당면한 역사적 과업 - 세계민주화

현 시대의 인류발전의 당면한 역사적 과업은 전 세계를 민주화하여 세계에서 차지하는 인류집단의 자주적 지위와 창조적 역할을 획기적으로 높이는데 있다.
즉 전세계 인류가 같은 방향을 향해서 발전해 나갈수 있도록 전인류를 통일시킬 수 있는 방법은 세계민주화를 이루어내는 길 뿐이다.

세계민주화가 실현되면 현재와 같은 지역적 국가적 빈

부격차가 없어짐으로 동물세계의 잔재인 폭력을 극복할 수 있고 세계평화와 전인류의 자주적이며 창조적인 협조가 전면적으로 강화되어 우리 인류는 지구촌 세계를 하나의 생활터전으로 관리할 수 있게 될 것이다.

이렇게 될 때 우리 인간은 세계의 주인, 자기운명의 주인으로서 끝없이 행복한 새 세계를 개척해 나갈 수 있는 위대한 새로운 시대를 맞이하게 될 것이다.

즉 국가를 기본단위로 하는 민주주의로부터 전 세계를 기본단위로 하는 민주주의로의 발전은 인류역사의 새로운 비약의 시대를 여는 관문이 될 것이다.

다. 시대적 사명 - 세계민주화

1) 새로운 욕망창출 - 향락문화, Mannerism

현재의 세계는 새로운 욕망을 창출해서 제시하지 못하고 있기 때문에 사람들은 매너리즘(mannerism)에 빠져서 말초신경을 자극하는 향락문화에만 매몰되어 가고 있고 도박이나 마약에 취하기도 하고 있다.

그래서 경제적 선진국에서는 30살만 되어도 은퇴해서 하는 일 없이 향락문화에 빠지거나 도박과 마약으로 사회가 온통 병들어 가고 있어서 점점 더 흉악한 범죄가 범람하고 있는 실정이다.

또한 국가는 국가대로 자기 국가본위적인 한계를 벗어나지 못하고 있기 때문에 세계가 온통 자국의 이익만을 챙기려 하는 제국주의적 弱肉强食의 19세기 이전의 암흑시대로 돌아가는 형국으로 되어가고 있다.

2) 시장쟁탈전

지금 세계가 안고 있는 또 하나의 큰 문제는 넘쳐나는 생산물을 소비할 시장이 없어서 피나는 경쟁을 하다 결국에는 서로가 다 망하게 되어 엄청난 생산시설이 하루 아침에 폐허가 되고 또 다른 저임금 지역으로 옮겨다니는 현상이다. 그야말로 시장쟁탈전이 극에 달해 가고 있다.

특히 현재 벌어지고 있는 미국과 중국, 미국과 한국, 한국과 일본, 한국과 중국 간의 시장쟁탈전은 과거 자본주의 진영과 공산주의 진영간의 냉전시대를 뛰어넘을 정도로 살벌하다. 잡아먹느냐 잡혀 먹히느냐 하는, 가히 동물세계의 泥田鬪狗로 되어져 가고있는 형국이다.

과연 이렇게 지구상에 국경이라는 "선"을 그어놓고 피나는 싸움을 언제까지 할 것인가? 지구상에는 이들 발전된 나라들만이 전지구의 주인인가? 성찰해야 할 때가 아닌가 한다.

이제 최첨단 과학의 발전은 지역과 국가에 국한된 인간의 생활을 강요할 수 없는 단계에까지 와 있다.
지구촌은 말 그대로 하나의 생활터전, 하나의 마을로 변해가고 있다. 전체 지구촌을 하나의 생활터전으로 전인류가 공유할 단계에 와 있음을 직시해야 할 때다.

그래서 이제는 국가본위적 시장쟁탈전은 의미가 없어질 때가 되어가고 있다. 그 대신 누가 전인류에게 더 많은 행복을 밝혀줄 것인가 하는 행복경쟁의 시대로 되어져야 한다. 행복경쟁은 인간만이 실현할 수 있는 사랑 실천이기 때문이다.

3) 실업자문제

뿐만 아니라 현재의 세계는 어느 나라를 막론하고 점점 더 불어나는 실업자 문제를 해결할 방도를 못 찾고 있어서 극도의 사회문제로 대두되고 있다.

우리 인간이 더 잘 살려고, 고된 노동을 줄이고 더 편하게 살려고 만들어 낸 첨단 자동화 시설이 오히려 우리 인간을 더 고통스럽고 비참하게 만들고 있는 것이 현실이다.

여기서 과연 인간의 노동이란 무엇인가를 깊이 고찰해야 한다고 생각한다.

인간은 생명을 가진 생명체이다. 생명체는 살려는 욕망

을 가지고 있다. 살려는 욕망을 실현하는 과정, 행위가 인간의 노동이고 삶이다. 그래서 노동은 곧 인간의 삶 자체다. 삶이 곧 노동이고 노동이 삶이다.

인간은 모든 생명을 가진 다른 동물과 마찬가지로 자기 자신이 살려고 계속 먹잇감을 찾아 헤매어 왔다. 이것이 노동의 시작이었다. 그런데 이제 최첨단 과학문명시대에서는 각 개인들의 육체노동이 필요 없을 정도로 줄어들고 있다. 그간의 육체노동 즉 삶의 행위가 점점 필요없게 되어져 가고 있다.

육체노동이 없어도 먹잇감이 넘쳐나고 있기 때문이다. 그래서 삶의 의미가 없어지고 행복도 없어져 가고 있다. 지금 그나마 남아있는 일자리를 가지고 노동자들이 죽기살기로 빼앗기지 않으려고, 빼앗으려고 그렇게 살벌하게 싸우고 있다. 한번 상상해 보자. 무엇이 다른가를. 저렇게 싸나운 민노총을 보면서. 사람이 먹다버린 고기 한점 가지고 죽기살기로 싸우는 맹수들과 무엇이 다른가를.

이제 어떻게 참다운 "삶"을 되찾을 수 있을까 고민할 때다. 최첨단 과학문명이 빼앗아 가고 있는 인간의 삶을 어떻게 찾을까를 고민할 때다.

이런 문제를 해결하려면 새로운 욕망을 창출해서 우리 인류 앞에 제시해야 한다.

뿐만 아니라 과학문명이 빼앗아간 일자리를 국경선이라는 굴레 속에서만 해결하려는 고정관념을 뛰어 넘어서 전체 지구촌 문제로 넓혀 나가야 할 때이다.

4) 새로운 국가관, 세계관

그래서 인간중심철학은 지금 이 시점이 우리 인류에게 새로운 욕망을 제시해야할 시점에 와 있음을 깨닫고 유사 이래 인류가 가지고 있던 고정관념인 국가관과 세계관을 새롭게 정립하지 않고는 지금 세계가 안고 있는 문제들을 풀 수 없다고 판단하고 있다.

이에 인간중심철학은 새로운 국가관과 세계관을 제시한다. 황장엽의 인간중심철학은 오늘의 시대적 사명으로 '세계민주화 실현'을 선언한다.

라. COVID19 사태와 세계민주화의 필연성, 불가피성

1) 2020년에 돌발하여 전 세계를 덮친 Covid19 사태는 인류사회 5,000년 역사를 완전히 뒤엎어 버린 인류종말을 실감케 하는 사건이 아닐 수 없다.

그간 수천년 누려오던 인간의 일상생활 행태를 완전히 뒤엎어 정지시켜 놨기 때문이다.
일일이 열거할 필요도 없이 전세계인들이 그간 당연히 누려왔던 일상의 모습은 거의 정지되었다.

어린애가 탄생하면 가족들이 모여서 축복하고 즐기던 백일잔치, 돌잔치가 사라졌다.

애들이 커서 학교에 가는 것은 너무도 중요한 인간의 삶의 교육과정이고 훈련과정인데 학교수업은 거의 중단되었고 집에서 혼자 Untact 교육을 받는 세상이 되었다.

함께 모여 즐거워하고 축하해야 할 일상의 행사는 이제 거의 사라져 가고 있다. 생일, 입학, 졸업, 결혼 같은 인간의 대소사를 기리는 모임은 거의 정지되었다.

더욱이 서글픈 일은 정주고 사랑을 나누면서 함께 살아온 벗들을 이별하는 장례문화도 거의 없어져 가고 있다.

우리 인간들이 그간 수천년 누려왔던 일상이 송두리째 무너져 가고 있다. 집안에 콕콕 틀어박혀 외톨이 생활을 해야 하는 것이 Corona19 사태 이후 지난 2020년 - 2021년 현재의 전세계 인류의 일상이 되어 버렸다. 참으로 참담한 현실이 아닐 수 없다.

그간 우리 인간들이 천신만고 끝에 이루어온 현대 첨단 과학문명이 소멸될까 걱정스럽다. 이웃집 가듯이 즐기던 여행문화는 꽁꽁 닫혀 버리고 말았다.

톱니바퀴 같이 잘 조직화 되어 돌아가던 지구촌 경제도 옴싹을 못하고 멈춰서 버렸다.
2022년 10월 현재의 전세계 Corona19 발생현황을 보면 전세계 확진자 수는 6억2천5백만 명이 넘고 사망자는 6백5십만 명이 넘어섰다고 한다.

미국의 경우 코로나 사망자수가 1차대전 사망자수를 넘어섰다고 한다.

2022년 10월 현재 미국의 Corona19 사망자수는 백만 명이 넘고 2차대전시 유럽과 태평양 전쟁 사망자수는 40만 명이라고 한다.

참으로 이해할 수 없는 일은 왜 문명국가이고 첨단 과학과 의술이 발전된 나라들에서 Corona19 확진자가 더 많이 발생하고 사망자가 더 발생하는지 알 수가 없다. 심각하게 연구할 문제라고 생각한다.

2) 우리 인간은 창조주 하나님께서 하나님을 꼭 닮은 만물의 영장으로 창조하셨다고 성경에서 밝히고 있다.

과학적으로 밝혀진 인간의 탄생은 800만년전, 1,000만년전, 1,500만 년전에 유인원에서 갈라져서 태어났다고 하는 세 개의 학설이 있다. 이렇게 1,000만년 전에 유인원과 갈라져서 태어난 인간은 700만 년 세월을 버텨오면서 지금으로부터 300만 년전에 오스트랄로피테쿠스, 일명 호모 하빌루스 라는 손재주도 있고 슬기로운 종이 태어났다. 그 후 120만 년이 지난 180만 년전에 호모에렉투스라는 종이 태어났는데 이때가 우리 인간이 현존인류로 발전할 수 있는 혁명적 존재로 된 시기였다.

바로 이 세상 유일무이한 直立步行 하는 존재로 되었던 시기였기 때문이다. 직립보행을 하게 됨으로서 뇌수와 척추를 연결해주는 대후두공이 일직선으로 놓이게 되었다. 이 결과 인간의 뇌수가 급격히 발전하게 되었다.

인간의 뇌수는 1,430g 정도이고 몸 전체의 1/47인데 산소와 혈액의 20%를 뇌수가 사용한다.
　유인원의 뇌수는 1/130이고 동물의 왕자인 사자는 1/700이다. 이렇게 월등하게 발전된 인간의 뇌수는 감각-지각-표상-추상적 사고 능력과 월등한 암기력을 갖게 되었고 정신으로까지 발전하게 되었다.

　이와 같이 정신력을 갖게된 인간은 자유능력을 갖게 되었다. 자유능력을 갖게된 인간이 태어나면서 세계(전우주만물)는 대혁명이 일어났다. 무슨 혁명이 일어났는가?
　세계는 인간과 자연세계, 둘로 갈라지는 혁명이 일어났다. 인과율의 법칙에 따라서 존재하고 발전해 가는 자연세계와 인간율의 법칙, 필연의 법칙을 따르지 않고 자주성과 창조성, 사회적 협조성을 가지고 자유능력을 발휘할 수 있는 인간으로 갈라지는 혁명이 일어났다.

　그래서 자유능력을 가지고 있는 인간이 태어나면서 자연의 질서는 헝클어지기 시작했다.

3) 세계, 자연세계의 인과 율의 법칙, 필연의 법칙의 근거는 무엇인가?

모든 존재는 예외없이 존재의 본질적 특성을 가지고 있다는 과학적, 철학적 논거를 통해서 증명되고 있다.
그러면 존재(세계 우주만물)의 본질적 특성은 무엇인가?

첫째, 객관성(객관적 존재성) - 모든 존재는 우리 인간의 사유와 관계없이 존재한다. 모든 물질은 내가 있다고 인식을 하거나 인식을 못하거나 관계없이 스스로 존재한다.

둘째, 주관성(주관적 자기보존성) - 모든 존재 - 무생명 물질, 생명 물질, 인간 등은 예외없이 자기보존성을 가지고 있다. 생명물질, 인간 등은 살려는 욕망이 있다. 무생명 물질은 자기를 보존하려는 성질 즉 인력과 척력이 있다. 이것은 과학적으로 증명된 공리다.

인력은 뉴톤역학에서 이미 모든 물질(존재)은 만유인력

이 있다고 증명된 바 있다. 척력은 어떤 물질도 10㎝의 -20자승을 하면 탁튀어 배척한다는 것이 과학적으로 증명되었다.

셋째, 운동성(존재의 객관성과 주관성의 결합과 협조성에서 연유되는 운동성) 존재의 본질적 특성으로 인해서 모든 존재는 예외없이 운동을 한다. 그래서 존재는 곧 운동이라고 한다. 여기서 모든 존재는 원인이면서 결과물이라는 철학적 추론을 내릴 수 있다.

4) 그런데 위에서 언급한 바와 같이 인간에게는 자연세계의 필연의 법칙을 거역할 수 있는 자유, 자유능력을 가지고 있다.

자유능력을 갖게된 인간은 존재의 필연의 법칙을 거역하면서 제각기 자기들만 살겠다고, 各自圖生 하려고 전 지구를 거의 초토화 시켜 왔다. 78억 인구가 200여 국가로 나뉘어서 개인은 개인대로 국가는 국가대로 지구를 공격을 해왔다.

인간의 이와 같은 지구공격을 영국의 저명한 역사철학자 토인비는 "인류역사는 도전과 응전의 역사"라고 말했다.

이와 같은 인간의 지구공격으로 인해서 자연세계의 질서는 무참히 헝클어졌다. 최근 점점 급증하고 있는 기후 급변 현상인 기온상승, 빙하해빙, 가뭄, 홍수, 폭우, 폭풍, 혹서, 혹한, 잔인하고 사나운 태풍 등의 현상은 인간이 초토화시킨 지구가 뿜어내는 필연적 복수 현상이다.

이와 같은 자연세계의 헝클어진 현상으로 인해서 발생되는 돌연변이 생명체 - 균, 바이러스 - 등은 우리 인간의 운명을 좌우할 치명적 Pandemic으로 돌변하여 전 지구를 휩쓸지도 모른다. 바로 현재 전세계를 급습하고 있는 Corona19 현상이 이를 증명하고 있다.

우리 인간은 오늘의 엄중하고 절박한 사태를 조물주가 보내는 경종이라고 깨닫고 인간(인류)이 생존하고 발전해 나아가야 할 전인류의 통일된 방략과 대 전략을 세워야 한다.

이에 대한 대 전략은 전인류를 하나로 통일시키고 통합시켜서 변증법에서 말하고 있는 "자연과의 대립물의 통일"을 이루어 자연세계와 함께 생존하고 발전해 갈 수 있는 통일된 욕망실현을 위한 대방략을 정립하는 일이다.

바로 인간중심철학에서 제시하고 있는 "세계민주화 전략"을 통해서 전인류를 통일시켜 Covid19 사태와 같은 인류의 운명을 위협하는 미래의 Pandemic에 대처해 나아가도록 해야 한다.

마. 세계민주화 전략

1) 최강국가인 미국의 과제

이렇게 중요한 세계민주화를 과연 어떻게 이루어 낼 수 있을까? 정말 중대한 과제가 아닐 수 없다.

이 중대한 역사적 과재를 풀 수 있으려면 결국 전세계적 민주주의의 모범국가이면서 세계 최강국가인 미국이 떠맡아 나갈 수 밖에 없다.

국가본위적 민주주의가 역사적 제한성에 부딪치게 된 오늘날 미국이 계속 미국 국민만을 위한 미국 이기주의적 국가 중심의 민주주의만을 추구하면 결국에는 미국의 발전 뿐만 아니라 지구촌 세계의 민주주의적 발전도 저해시킬 뿐이다.

미국이 세계민주화에 앞장서서 미국 국민을 위한 미국인 동시에 세계 인류를 위한 미국으로, 즉 미국 국민들의 이익과 세계 인류의 이익을 통일시키는 방향으로 나가지 않으면 안될 문명사적 계선에 와 있음을 미국이 직시해야 할 때라고 생각한다.

2) 세계민주화의 기본원칙
  - 민주주의적 세계질서, 국제질서
    민주주의적 정의의질서, 법적질서

그러면 세계민주화는 어떤 방법으로 발전시켜 나가야 하나? 세계민주화 전략의 기본원칙은 무엇인가?
  명백하고 분명한 사실은 과거와 같이 강대국이 약소국

을 침탈해서 국토를 넓혀 나가는 방법으로는 절대로 안된다.

현시대는 민주주의 시대이다. 따라서 세계화도 민주주의적인 방법과 방향으로 발전되어져야 한다.

온갖 특권과 불평등에서 해방되는 세계 민주화는 인류발전의 필연적 과정이기 때문이다. 그것은 결국 본질상 민주주의적 국제질서를 세우는 것을 의미한다. 민주주의적 정의의 질서, 법적질서를 세우는 것을 의미한다.

민주주의적 정의의 질서, 법적질서를 세우기 위해서는 첫째도 둘째도 폭력을 없애야 한다. 동물세계의 잔재인 폭력은 민주주의의 적이다.

3) 동물세계의 잔재 - 폭력제거

그렇다면 현재 벌어지고 있는 세계질서의 상황에서 어떻게 민주주의적으로 세계화를 이루어 낼 것인가?

여기서 제일 큰 걸림돌이 수령절대주의의 야만적 독재국가이면서 치명적 폭력수단인 핵무기를 개발하고 있는 북한이다. 그래서 북핵 문제는 세계민주화의 일환으로 봐야 한다. 폭력을 없애고 세계적 범위의 민주주의적 정의의 질서, 법적질서를 세우면 북한의 핵무기는 어디에도 쓸 수 없는 고철덩어리로 될 것이다.

그런데 2018년 6월 12일 북한의 핵 폐기를 위한 미북정상회담이란 큰 사변이 일어났다. 미북정상회담은 세계민주화를 실현해 가는 첫 관문이 될 것이다.

여기서 우리가 중요하게 주목해야 할 것이 있다. 김정은이 미북정상회담에 참석하면서 말한 첫마디가 아주 큰 의미가 있다.

"과거 북미관계 발목잡은 것 많았지만 여기까지 왔습니다. 그릇된 관행과 편견이 눈과 귀를 가렸지만 여기까지 왔습니다. 앞으로 새로운 시대가 열릴 것입니다."

4) 핵융합 발전 실현

세계민주화 즉 세계가 민주주의적으로 통일되어 전인류가 다 함께 행복하고 평화롭게 살아가기 위해서는 생산물이 강물처럼 넘쳐나는 풍족한 세상이 되어야 한다. 이 문제를 해결하는데는 한없는 동력생산이 필수적 조건이다. 바로 핵융합 발전의 실현이 그 답이다.

핵융합 발전이란 태양이 열을 내는 원리를 이용해서 전기를 만들어 내는 것을 말한다.

태양은 태양중심부에서 초당 6억 5,700만톤의 수소핵이 핵융합을 일으켜 0.7%의 질량이 감소되면서 1,600만도의 열을 생성한다. 핵융합을 일으킬 때 실제적으로는 1억도의 열을 내지만 태양 내부에서는 Tunnel 효과로 인해서 1,600만도의 열만을 낸다. 수소 1g을 핵융합 시키면 0.7%가 감소되면서 1억 5,000만kcal의 열을 낸다. 이것은 1kw전기곤로를 20년간 한번도 중단하지 않고 사용할수 있는 에너지이다. 1g의 수소를 완전 100% 핵융합시키면

215억kcal 즉 2,500만 kw의 에너지를 생산할 수 있다. 큰 발전소 하나를 짓는 것과 같다.

아인슈타인의 e=mc2 의 공식은 물질에 빛의 속도의 자승을 하면 에너지로 된다는 공식이다. 즉 모든 물질은 에너지 덩어리라는 뜻이다.

독일의 물리학자 Helm Holtz가 주장한 에너지 항존과 전환의 법칙이라는 것이 있다. 에너지는 없어지는 것이 아니고 다만 형태만 바뀔 뿐이라는 법칙이다. 결국 모든 물질은 다 에너지 덩어리라는 말이다.

전 지구의 2/3가 바다다. 바닷물의 1/6,000이 중수소다. 이 중수소를 행융합시키면 전체 바닷물의 500배의 원유를 얻는 것과 같다.

모든 물질을 에너지로 전환시킬 수 있는 핵융합발전을 이룩할 때 우리 인간은 무진장한 전기를 만들어 낼 수 있다. 그렇게 되면 사하라 사막, 고비사막 같은 인간이 범접

할 수 없는 극지의 땅도 새들이 지저귀고, 온갖 꽃들이 만발하고, 젖과 꿀이 흐르는 지상낙원으로 만 들 수 있다.

그렇게 되면 우리는 지금 호주머니 속에 전화기 한 대씩 가지고 다니듯이 그때는 발전소 한 개씩을 가지고 다니는 세상이 될 것이다.

그런데 참으로 자랑스러운 일은 대한민국이 핵융합발전 연구에서 세계 제일이라는 사실이다.

KSTAR(Korea Superconducting Tokamark advanced Research)라는 한국형 초전도 핵융합 연구장치를 통해서 2018년에 벌서 핵융합을 일으켜 1억도의 열을 1.5초 동안 내는데 성공했다.

더욱더 놀라운 사실은 대한민국의 kstar 연구센터에서 2020. 11월에 1억도의 초고온 플라즈마를 20초 이상 연속운전 하는데 세계 최초로 성공했다는 놀라운 소식이다. 너무도 자랑스럽고 기쁜 일이 아닐 수 없다.

그런데 너무도 통탄할 일이 벌어졌다.

엄청난 세금과 피나는 노력을 통해서 천신만고 끝에 세워놓은 세계최고의 원자력 발전시설을 폐기시킨 반역행위가 벌어졌기 때문이다. 참으로 어안이 없는 범죄행위를 저질러 놨기 때문이다. 다시는 이런 망국행위는 꿈도 못꾸도록 두눈 똑바로 뜨고 막아내야 한다.

바. 세계민주화와 북미회담(북핵폐기회담)의 역사적 의미

1) 북핵폐기회담 - 세계민주화의 관문

북미회담-북핵폐기회담의 역사적 의미는 세계민주화 전략의 견지에서 볼 때 정말 중요한 의미를 갖는다.

지난 70여년 동안 자유민주주의 세력과 사회주의, 공산주의 세력간의 극한 대립과 투쟁의 역사를 종식시키고 세계민주화의 세상을 여는 관문이 될 것이기 때문이다.

그래서 김정은의 첫 마디인 "앞으로 새로운 시대가 열릴 것이다"란 말은 중요한 의미가 있다.

2) 북미회담(북핵폐기회담)의 성공가능성

인간중심철학의 변증법에서는 "역사는 직선으로 발전하지 않고 나선형으로 발전한다"라고 천명하고 있다.
70여 년 동안 끔찍한 살육적 독재를 해 온 북한의 수령독재 체제도 이제는 더 이상 버틸 수 없는 역사적 한계에 와 있다.

세계 최고의 자유민주주의를 구가하고 있는 스위스에서 어린시절을 보낸 김정은은 이런 한계상황에서 최고의 출구전략 - 본인도 살고 북한 인민들도 살릴 수 있는 - 이 무엇일까를 고민하고 고민했을 것이다. 그리고 최고의 전략이 미국과의 관계정상화라고 판단했을 것이다. 그래서 북미회담은 우여곡절을 거치겠지만 결국 성공할 것이라고 판단된다.

따라서 북미회담이 성공할 경우 세계민주화의 길도 열릴 것이다. 만에 하나라도 북미회담이 결열되어 실패할 경우 김정은은 물론 북한정권도 결국 지구상에서 사라질 것이다. 사라질 수 밖에 없고 사라져야 한다.

이런 상황에서 자칫 희생과 고난을 겪을 대상은 대한민국이 될 수 있다.
이유는 현 집권층의 도를 넘는 친북성과 지나친 대한민국에 대한 자기부정적 태도 때문이다. 지나친 대한민국 건국의 위대성과 혁혁한 국가발전-민주화와 경제발전-을 부정하고 저주하려는 혐오성 때문이다.

우리 애국국민들은 자랑스런 대한민국을 지켜내야겠다는 결사의 의지를 갖고 냉정한 판단과 현명한 대처를 함으로써 현 집권자들이 저질러 놓은 실수를 하루빨리 제자리로 돌려놔야 한다.

3) 북미회담의 실질적 내용규정과 민주주의적 전략
북핵폐기회담 - 북한민주화전략

북미회담은 북핵폐기를 위한 회담이다. 그런데 여기서 우리가 냉철하게 생각해야 할 문제가 있다.

과연 북한이 핵무기를 폐기할 것인가이다.
본인은 절대로 폐기 안한다고 보고 있다.

전 북한 노동당 비서였던 황장엽 선생도 북한은 절대로 핵무기를 폐기 안한다고 단언을 했다. 뿐만 아니라 선생은 북한은 핵을 가져서는 안된다는 논리에 대해서도 동의를 하지 않았다.

미국, 중국, 소련 등 큰 나라들은 핵을 가져도 되고 북한과 같은 작은 나라는 핵을 가져서는 안된다는 것은 논리에도 안맞고 공정성도, 명분도 없다고 했다.

문제는 북한과 같은 살육적 폭력을 일삼는 불량 국가가

핵을 가졌기 때문에 문제라고 했다. 마치 권총을 강도가 가졌을 때는 강도질을 하는 끔찍한 무기가 되지만 경찰이 가졌을 때는 국민의 생명과 재산을 지키는 더 없이 소중한 국민의 자산이 되듯이 어떤 사람이 가졌는가가 중요하다고 했다.

따라서 북미회담의 본질적 전략도 성동격서(聲東擊西)의 전략이 되도록 해야 한다고 생각한다.

북핵폐기를 강하게 주장하면서 실제적으로는 살육적 독재체제를 없애고 민주화의 길로 나갈수 있도록 하는 전략을 구사해야 한다고 생각한다.
황장엽 선생이 필생의 사업으로 북한민주화 운동을 처절하리 만큼 펼쳤던 이유도 여기에 있다.

북한 민주화 사업은 세계민주화 사업을 위한 관문과 같은 최고의 전략사업이다.

이와 함께 심각하게 대두되고 있는 세계민주화의 걸림

돌은 현재 한참 펼쳐지고 있는 중국의 음흉한 공산독재 세계화 전략이다. 소위 중국몽이다.

북한을 민주화 해서 중국몽에 대처해야 한다.

북한 민주화는 세계민주화의 관문이라는 것을 다시 한 번 강조한다.

결국 인간중심철학이 추구하는 세상은 종국적으로 세계가 민주주의적으로 통일된 평화롭고 행복한 세계민주화 세상이다.

5. 세계민주화가 완성되면?

가. 세계민주화는 우리 인류가 지구상에서의 발전의 완성을 의미한다.

세계민주화는 우리 인류가 지구상에서의 발전의 완성을 의미한다. 인간발전이 최고 수준에 다다르게 되어 인간발전의 새로운 장을 여는 인간혁명의 현상을 말한다.

따라서 세계민주화는 단순히 세계가 민주주의적으로 통일되는 정치적 의미의 현상을 말하는 것이 아니다.

우리 인간은 유사이래 수많은 혁명적 변화, 발전을 거쳐 오면서 오늘의 최첨단 인간세계를 이루어 왔다.

70,000년전 인지혁명, 12,000년전 농업혁명, 500년전 과학혁명 등을 거치면서 발전을 거듭해 왔다.

산업혁명, 경제혁명, 정치혁명, 체제혁명, 교육혁명, 사회혁명, 종교혁명, 생활혁명, 과학혁명 등등 인간사회의 모든 분야를 고비마다 혁명적으로 변화 발전시켜 왔다.

그러나 이러한 변화 발전은 우리 인간의 외적요소들에 대한 변화 발전이었다. 인간자체에 대한 혁명적 변화 발전은 아니었다.

최첨단 과학문명을 이루어낸 인간의 인지능력과 창의력은 극단적 소유욕과 이기심으로 인해서 인간자체의 본질적 변화인 인간혁명을 이루어내지 않고서는 더 이상 인간 본연의 인간사회를 지속, 발전시킬수 없는 단계에 와 있다.

세계민주화 실현을 통해서 인간자체도 혁명적으로 변화 발전시켜야 할 인간혁명의 시대를 맞이하고 있다.

거슬러 생각해 보면 우리 인류의 역사는 참으로 아슬아슬 하고 기적같은 생존의 역사가 아닐 수 없었다.

5억6000만 년 전 지구역사의 캄브리아기에 아프리카 지역의 바다속에서 수억 수조의 생명체가 폭발적으로 발생했지만 90% 이상이 다 멸종되었다.

　뿐만 아니라 지금 생존하고 있는 생명체도 매년 수백종씩 멸종되어 가고 있다.

　세계자연기금(wwf)은 지난 2020년 9월 9일 발표한 "2020 글로벌 리빙 인텍스"보고서에서 1970년부터 2016년까지 전세계에서 동물 개체군의 68%가 사라졌다고 밝혔다. 아프리카 코끼리는 지난 세기동안 300만~500만 마리가 있었는데 한세기 만에 90%가 없어졌다. 아프리카 회색앵무는 1992년 이래 가나에서 99%가 사라졌다.(조선일보 보도 참조)

　더 놀라운 사실은 1억 6천만년 동안 지구상에서 왕자 노릇을 하던 공룡이 2억년 전에 멸종되어 사라진 사건이다. 왜, 무슨 원인이 있어서 그렇게 멸종되었는지 지금도 알 수 없다.

공룡이 멸종된 원인에 대해서 여러 가지 학설이 있지만 아직도 분명히 확증된 것은 없다. 어떤 사람은 공룡이 너무 덩치가 커서 그렇게 큰 생명체를 먹여살릴 만한 먹잇감이 없어서 멸종되었다고 어이 없는 주장을 하기도 한다. 또 어떤 이는 별이 지구상에 떨어질 때 그 충격으로 멸종되었다고 주장도 한다. 그러나 다 근거가 없고 허무맹랑한 주장일 뿐이다.

그래서 아직도 첨단 과학을 자랑하고 있는 현재에도 공룡이 멸종된 원인에 대해서 확실한 규명을 못하고 있다.

우리 인류도 언제 멸종되어 살아질지 알 수 없다. 지금 너무도 많은 조짐들이 나타나고 있다. 그 조짐들은 거의가 우리 인간 스스로가 자초한 것들이다.

우리 인류는 더 이상 머뭇거릴 여유가 없다. 인간자체의 근본적 혁명을 이루어내지 못하는 한 다른 생명체들이 멸종되어 소멸되 듯이 우리 인간종도 멸종될 것이 明若觀火 하다.

2020년에 닥친 Covid19 사태와 같은 인류멸종을 예고하는 천벌적 현상은 앞으로 더욱 무서운 형태로 급습해 올 것이다.

지구상에 서식하고 있는 모든 동물들의 96% 이상을 우리 인간종이 차지하고 있다는 사실은 너무도 놀랍다.

78억인구가 各自圖生 하려고 전지구를 무참히 파헤쳐 놓으면서 자연세계의 질서를 헝클어 놨으니 인내심 많은 자연일지라도 더 이상 참지는 못할 것이다.

모든 선각자들이 이구동성으로 covid19 사태는 너무도 당연한 자연세계의 필연적 보복이라고 경고하는 이유다.

이제 우리 인간자체가 변해야 한다. 인간혁명을 이루어 내야 한다.

인간이 발견한 최후의 인간생존의 발전전략인 "세계민주화실현"을 통해서 인간혁명을 이루어내야 한다.

세계민주화 현상을 인간혁명이라고 규정하는 이유는 너무도 파격적 인간사회의 변화현상이 나타날 것이기 때문이다.

*우선 세계민주화가 이루어지면 우리 인간의 욕망자체가 달라진다. 욕망의 수준이 달라진다. 그때는 잘먹고 잘사는 경쟁이 없어진다. 그래서 행복의 개념이 달라진다. 잘 먹고 잘 살려고 싸우고 질투하고 투쟁하는 동물적 잔재인 폭력이 없어진다.

*지금 한창 극성을 부리고 있는 시기, 질투, 거짓, 기만, 날조현상이 사그러 짐으로서 지고한 덕망인 사랑이 작동하는 세상이 된다.

*그때는 오직 과학과 변증법만 남는다. 그간 인류문명을 이끌어 왔던 모든 학문은 한낱 상식으로 되어져 학문으로서의 필요성이 없어진다. 따라서 인간중심철학도 상식으로 되어져 필요없게 된다.

*폭력과 기만이라는 두 기둥 위에 세워진 마르크스주의 철학과 그에 기초한 공산주의, 사회주의는 완전 사라진다. 세계민주화 세상에서는 폭력과 기만은 설자리가 없기 때문이다.

*민주주의의 다수결원칙이 없어진다. 다수결 원칙은 과도기적 현상이다. 세계민주화가 실현될 때 까지의 과도기적 수단일 뿐이다. 화백형태의 민주주의가 실현된다. 그래서 진리와 정의로움만이 작동하는 세상이 된다. 검수완박 같은 동물적 폭력만도 못한 어이없는 다수결 폭력은 설자리가 없어진다.

*다수결원칙은 악 평등주의, 어리석은 민중들을 동원하는 중우정치, 대중영합주의, 사이비민주주의에 빠져서 극단적 이기주의에 함몰될 수 있다.

*법이 아닌 야수가된 민중들이 지배하는 민중민주주의가 될 수 있다.

*절제되지 않고 무책임한 여론과 집단이기주의적인 국민 눈높이에만 의존하려는 중우정치는 나라를 망친다.

*미신이 없어진다. 과학과 변증법에 근거하는 창조주의 섭리가 작동하는 세상이 된다.

*인간의 수명도 원하는 만큼 연장할수 있고 인간의 모든 조직도 기계부속 바꾸듯이 새롭게 바꿀 수 있다. 눈의 기능도 중성미자와 결합시켜 모든 것을 뚫고 나가서 다 볼수 있게 된다.

*인간의 우주시대가 열린다. 인간중심철학에서는 앞으로 200년쯤 후로 보고 있지만 지금의 인간의 발전속도로 보면 훨씬 앞당겨질 것으로 보인다. 이런 시대를 미래학자들은 인간의 우주 식민화 시대라고 명명하고 있다.

*싸피엔스의 저자 히브리대학의 유발 하라리 교수는 2,100년을 Singularity 즉 인류문명의 대전환시대, 특이점이라고 단언을 했다. 물이 100℃ 될 때 수증기로 되고 0℃ 될 때 얼음으로 되는 현상과 같은 대전환을 말한다.

*세계민주화 현상은 인간혁명의 시대의 도래를 말한다. 제2의 인간세상이 열리는 현상을 말한다.

 *이런 세상은 인간간의 투쟁에 의한 발전이 필요없는 세상을 말한다. 더 많은 것을 차지하려고 우리 인간은 무던히도 싸우고 투쟁해 왔다. 그간의 인간의 역사는 투쟁의 역사였고 전쟁의 역사였다. 평화시대라고 하는 것도 결국 전쟁을 준비하는 시대였을 뿐이다.

 *우리 인류역사를 만들어온 학문 중에서 제일 중요한 학문은 싸움에서 전쟁에서 적군을 격파할수 있는 전략과 전술을 다룬 "병법"이었다.

 병법이란 무엇인가? 길게 설명할 필요가 없다. 상대방을, 적군을 격파할수 있는 방법을 말한다. 상대방을 격파할수 있는 방법은 상대방을 속이는 방법을 말한다. 중국의 손자병법 등도 오직 어떻게 상대방을 속이느냐 하는 전력전술일 뿐이다.

병법을 중요하게 여기는 이유는 싸움에서, 전쟁에서 승리해야 내가 살 수 있는 유일한 길이기 때문이다. 그래서 전쟁에서는 얼마나 상대방을 감쪽같이 속이느냐 하는 것이 능력이고 실력이다. 인류역사의 발전은 경쟁을 통해서, 투쟁, 전쟁을 통해서 발전해 왔고 그에 따라 병법,속임수도 발전해 왔다.

　*세계민주화 시대란 물질중심의 세상에서 인간중심의 세상으로 되어져 물질소유를 위한 경쟁이 없는 세상, 시기, 질투, 거짓, 기만, 날조와 같은 죄악이 없는 포덕천하의 세상을 말한다. 더 이상 동물적 욕망이 필요없는 세상을 말한다.

　*물질소유의 경쟁, 투쟁의 인간세상은 내것을 만들기 위해서 투쟁하고 경쟁하는 인간세상을 말한다. 그러나 동물적 경쟁이 없는 인간세상은 Zerosum game의 세상이 아닌 弘益人間, 理化世界를 이루는 布德天下의 세상을 말한다.

*경쟁과 투쟁이 아닌 오직 창조주의 섭리와 인간의 도리로 세계가 발전되고 운영되는 세상을 말한다.

*인간중심철학은 인간이 탄생됨으로서 세계는 인간과 자연세계, 둘로 갈라졌다고 천명한 바 있다. 그런데 세계민주화가 실현되면 세계는 다시 인간과 자연세계가 하나로 통일되어 진다. 이런 세상은(세계) 바로 창조주가 추구하는 세상이다.

*창조주가 추구하는 지상낙원 세상을 인간의 종국적 발전현상인 세계민주화 실현을 통해서 인간에 의해서 이루어진다.

나. 세계민주화 시대는 제3의 창조시대, 인간의 지적 설계에 의한 창조시대의 도래를 의미한다.

21세기에 들어와서 인간의 최첨단 과학의 발전은 가속에 가속을 더하는 가히 기하급수적 발전을 거듭하고 있다. 이러한 인간의 과학발전은 막을수 없는 경지에 와 있다.

이런 현상으로 인해서 제3의 창조라고 할 수 있는 충격적인 조짐들이 하루가 다르게 나타나고 있다.

인간의 지적설계에 의한 창조를 통해서 죽음이 없는 인간의 탄생이 현실로 되어지고 있다.

우리 인간이 사이보그 공학을 통해서 설계하여 창조해낼 새로운 인간은 몇 가지의 특이점이 있다.

첫째 인간 자신이 새로운 인간을 창조해내는 것이고, 둘째, 새롭게 탄생될 인간은 생명이 없는 무생명체 인간이고, 셋째, 무생명체 인간이지만 지적 판단과 지능, 즉 정신력을 갖는 인간이다.

그러면 과연 이런 꿈같은 창조가 가능할까? 만일 가능하다면 종래의 창조론과는 전혀 차원이 다른 제3의 창조라고 말할 수 있다.

인간중심철학의 발전의 원리, 즉 존재의 속성에서 필연

적으로 벌어지는 파노라마적 발전 현상에서 보면 가능하다고 볼 수 있다.

실제로 지금 한창 하루가 다르게 발전하고 있는 사이보그공학을 통한 AI(Artificial inteligence. 인공지능)의 놀라운 발전, 그리고 blue brain project(인간의 뇌 전부를 컴퓨터 안에 재창조하는 것을 목표로 하는 프로젝트)가 현실화 되어가고 있다.

이런 현실을 구체적으로 보여준 사건이 2016년 3월에 치러졌던 이세돌과 알파고(Alphago)의 바둑 대결이었다. 알파고와 이세돌이 바둑 대결을 하고 난 뒤에 온 세상이 뜨겁게 술렁였다. 이제 정말로 우리 인간이 사망이 없는 길가메시(gilgamesh-바빌로니아 서사시의 주인공으로 영원히 죽지 않는 反神反人)가 될 것인가 하는 믿을 수 없는 현실에 세계인들이 놀라지 않을 수 없었다.

완전히 우리 인간들을 정신적 공황 상태(mental panic)로 빠지게 했다. 모든 언론 매체들이 이 감격적인 순간을 놓치지 않으려고 경쟁해서 보도하고 또 미래학자들과 인공지능 연구자들을 동원해서 미래를 예측하는 기사들로 채웠다.

그래서 지금 한창 AI(Artificial Intelligence), 알고리즘(Algorism:어떤 문제의 해결을 위해서 원하는 출력을 유도해내는 규칙의 집합), 사이보그 공학(cyborg)(생물과 무생물을 부분적으로 합친 존재, 생체공학적 존재), 사물인터넷(Internet of Things), 블루 브레인 프로젝트(Blue Brain Project : 인간의 뇌 전부를 컴퓨터 안에 재창조하는 것을 목표 하는 프로젝트), 길가메시 프로젝트(Gilgamesh project:불멸을 향한 탐구.길가메시는 바빌로니아 서사시의 주인공으로 수메르, 바빌로니아 등 고대 민족에서 잘 알려진 전설적 영웅, 반신반인의 영원히 죽지 않는 영웅) 등의 황당한 단어들이 회자되고 있다. 그러면서 혹 이런 계획들이 1818년 영국의 여류작가 메리 셸리가 쓴 프랑켄슈타인(Frankenstein)의 예언-우월한 존재를 만들려다가 오히려 괴물을 만들었다는-으로 되지 않을까 하는 걱정들도 한다.

실제로 베스트셀러 "사피엔스(sapiens)의 저자 유발 하라리(Yuval noah Harari)는 2,100년 이전에 현생 인류는 사라질 것이라고 예언하고 있다. 그러나 인간중심철학의 원리, 발전의 원리에서 볼 때 길가메시 프로젝트도 결국 인간이 도달할 수 있는 목표라고 보고 있다. 그것도 아주 가까운 날에 불현듯 다가올 것이라고 예단하고 있다. 왜냐하면 우리 인간의 발전 속도는 지금 한창 가속도에 가속을 더해서 기하 급수적으로 발전을 함으로써 비약의 단계에 와 있기 때문이다.

오늘날 인간의 과학은 하루가 다르게 발전하고 있다. 물질 존재의 발전은 어느 변곡점에 가면 반드시 비약을 하여 지금까지의 형태와는 전혀 다른 형태의 존재가 되고 그렇게 비약해서 새롭게 탄생된 존재는 또 다시 발전을 거듭하면서 비약을 하는 것이 인간중심철학에서 규명하고 있는 물질 존재의 기본속성에서 오는 발전 현상인 불연속성과 연속성의 순환적 발전 현상이다.

물이 100℃가 되면 수증기로 변하고 원자핵이 10만℃ 이상이 되면 원자핵과 전자가 분리되어 플라즈마 상태로 되는 것을 행각해보면 이해가 될 것이다. 그래서 "세상에 존재하는 구성 요소들, 소립자들은 형태와 형질이 달라질 뿐이지 세계에서 차지하고 있는 질량은 변함이 없다"고 독일의 물리학자 헬름홀츠(Hermann von Helmholtz,1821-1894)가 말했다. 헬름홀츠는 "에너지 항존과 전환의 법칙"이라는 것을 발표해서 세계(세상)에 존재하는 에너지의 질량은 변함이 없고 다만 그 형태만 달라질 뿐이라는 주장을 했다.

또한 아인슈타인이 설명하고 있는 상대성원리의 공식인 $E=mc^2$ 도 결국 같은 원리다. 어떤 물질도 빛의 속도의 자승을 하면 에너지로 변한다는 이 원리도 물질 존재의 기본 속성의 순환적 발전 형태를 공식으로 표현한 것이다.

그러면 최근 몇 년간(2010~2016)우리 인간이 성취해낸 놀랄 만한 인간의 미래를 소개한 기사를 살펴보자.
이 기사들을 통해서 인간중심철학의 원리, 발전의 원리를 확신할 수 있는 계기가 되기를 기대한다.

조선일보 박승혁 기자가 쓴 기사〈2045년이 되면 인간은 죽지 않는다.(2013. 7. 21)〉를 다음과 같이 정리해 소개한다.

"에디슨 이후 최고의 발명가로 손꼽히는 레이 커즈와일(Ray kurzweil)은 지난 30년간 미래 예측에서 80%가 넘는 적중율을 보인 미래학자다. 그는 스캐너, 광학 문자 인식기(ocr), 시각장애인을 위해 책을 읽어주는 기계, 컴퓨터 음악을 연주하는 신시사이저 등을 발명한 사람이다.

그는 최근 평생의 연구 과제를 "사람 수준의 인공지능 개발"이라고 말했다. "열두 살 때부터 내 관심은 인공지능 개발이었습니다. 50년도 더 지난 지금 드디어 진정한 의미의 인공지능 탄생의 문턱에 도달했다고 봅니다."그의 1차 목표는 사람의 말을 100% 이해하는 컴퓨터를 개발하는 것이다. 그는 2029년까지는 인간 수준으로 알아듣는 인공지능이 반드시 나온다고 단언했다.

그는 현재의 컴퓨터는 계산 속도만 빠를 뿐 쥐의 뇌보다 못한 수준이라고 했다. 그러나 기술이 기하급수적으로(산술 급수적이 아닌) 발전하기 때문에 2029년에는 컴퓨터의 능력이 개별 인간을 뛰어넘고, 2045년 전엔 인류 지능의 총합마저 크게 앞지르는 특이점(Singularity)에 이를 것이라고 예측했다.

그는 이 시기가 되면 인간이 죽지 않고 영원히 살 수 있을 것이라고 했다.

그는 "게놈 지도 완성으로 생명공학은 예측 가능한 발전의 문턱에 올라섰고, 의술은 곧 기하급수적 발전의 문턱을 넘을 것입니다. 처음 게놈지도의 1%를 해독하는데 7년이 걸렸지만, 나머지 99%가 7년 만에 풀렸습니다. 컴퓨터 기술이 발전한 속도를 상상해 보세요. 10년 안에 심장질환과 암에 대한 연구가 거의 끝나고, 20년 안에 인류는 모든 질병을 극복합니다"라고 했다.

그러나 그는 "우리가 절대로 신이 될 수는 없지만 신처럼 되어갈 것입니다. 모든 종교에서 신은 전능하고, 강력하고 아름답죠? 진화란 곧 점점 신을 닮아가는 과정입니다. 인류는 우주 만물의 섭리를 끝없이 통찰하고 해석하고 있는데, 그것이 바로 진화 발전을 가능케 합니다. 우주는 우리 인간에게 진화를 허락한 것이죠"라고 말했다.

그는 "죽음은 인류 최고의 발명품"이라고 한 스티브 잡스의 말에 대해서 동의하지 않는다면서 다음과 같이 말했다.
"잡스의 말은 전형적인 '사(死)의 찬미'예요. 아주 오랜 기간 인류는 죽음을 어떻게 받아들여야 할지 방법을 찾지 못했어요. 가장 이성적인 방법은 죽음을 미화하는 것이었습니다.

사람들은 '아, 죽음? 그거 사실은 좋은 거야'라고 합리화했죠. 그게 종교의 본질입니다.

그러나 2045년 이후에는 종교나 죽음에 대한 미화는 모두 과학 이전 사회의 유물이 될 것입니다.

인생에 의미를 부여하는 것은 창의력과 창조이지 죽음이 아닙니다. 우리의 생은 새로운 지식을 쌓고 새로운 관계를 맺음으로써 유의미해지지 죽음으로써 의미를 갖지 않아요. 지금은 헤아리기 어렵지만 앞으로 죽음이 매우 희귀한 시대가 올 겁니다."라고 말했다.

그는 또 "인간이 만든 기계란 곧 인간의 확장판 개체로, 감정과 가치를 공유하는 방향으로 발전할 것입니다"라고 말했다.

"또 특이점 이후 인간은 기계와 항상 연결돼 있어 기계가 곧 인간이고 인간이 기계인 시대가 펼쳐집니다."라고 했다.

"인간이 불멸이 되면 열심히 살지 않고 윤리가 사라질 거라는 우려를 저도 자주 듣습니다. 2045년 특이점은 현 생태의 발전 속도를 전제로 합니다. 지금 페이스대로 모두가 열심히 노력해야 기술이 발전하고 2045년쯤 영원히 살 수 있는 시점에 도달한다는 거죠. 저는 인간은 태생적으로 발전을 추구하는 생물이라고 믿어요"라고 했다.

여기서 인간중심철학이 천명하고 있는 인간의 삶의 종국적 목적에 대한 명제를 상기해 보자.

즉 "인간의 삶의 종국적 목적은 인간의 영원한 생존과 발전이고, 영원한 생존과 발전을 실현하는 근본 방도는 영원한 창조적 역할이다."라고 하는 불후의 명제를 다시한번 상기하길 바란다.

〈조선일보〉 박승혁 기자가 쓴 기사 "2,100년 이전에 현생 인류 사라질 것, 알파고가 신호탄〉(2016. 3. 12)을 다음과 같이 요약 소개한다.

"21세기는 인간이 현생인류로 일컫는 호모사피엔스 로서 마지막 세기가 될까"라는 질문에 대하여 이스라엘 히브리대 사학과 교수 유발 하라리는 '그렇다'라고 단언했다.

하라리는 '인공지능 알파고가 인간이 우위를 지키는 절대영역으로 여겨진 바둑에서 인간 최강 이세돌 9단을 꺾은 것이 신호탄'이라며 "이제 인간은 유일하게 타고난 두 능력, 즉 육체와 지능(정신,의식)면에서 모두 기계에 뒤처졌으며 조만간 쓸모없는 존재로 전락할 수 있다."고 말했다.

하라리는 인간종(種)의 탄생부터 인류 역사를 집대성한 베스트셀러 '사피엔스'에서도 현 인류의 종언을 예고한 바 있다.

하라리는 "21세기 후반에 인류는 혁명에 휘말릴 것"이라고 내다봤다. 그동안 국가 사회를 대상으로 한 인간 주도의 혁명은 수없이 많았지만 이번엔 혁명의 대상이 '인류(인간)' 자체로 바뀐다는 점에 주목해야 한다고 강조했다.

하라리는 "단도직입적으로 말하자면 2,100년 이전에 '현생인류'는 사라질 것"이라고 말했다. 하라리는 인공지능에 밀려 무용지물로 전락한 인간들이 약점을 보완하기 위해서 기계와의 결합을 선택할 것으로 예상했다.

새 인류(인간)는 더 이상 호모사피엔스가 아닐뿐더러 '생물학적 한계를 뛰어넘는 신(神)적 존재'가 될 것이라고 그는 내다봤다.

기계가 인간의 영역을 차지한 이상 인간은 기계와 함께 신의 영역으로 넘어가는 길로 나아간다는 것이다. 그는 "21세기 후반의 신인류(新人類)는 생명을 창조하고, 정신을 통해 가상증강 현실(Augmented reality), 사람들이 보는 현실 세계에 3차원의 가상 물체를 띄워서 보여주는 기술)에 접속하며, 신체를 계속 재생해 사실상 불멸(죽음이 없는)에 이른다"며 아마 2,100년에 가장 활발히 거래되는 상품은 다른 무엇도 아닌 건강한 뇌, 피, 신체기관 등이 될 것이라고 전망했다.

소름끼치는 소리 같지만 그는 "태고부터 인류의 긴 역사를 보면 현세대는 이미 사회성과 지각 능력 등 '인간성'의 주요 특징을 상당 부분 상실했다"며 이런 전망을 자신했다.

그는 인간이 '호모 사이보그'가 된다 해도 인간성을 잃지 않으려면 어떻게 해야 할까라는 질문에 대하여 "'지금부터 마음'에 대한 연구를 강화해야 한다"고 했다.

신체와 인지 능력이 초(超)인간이 되더라도 '마음'을 유지한다면 기계와는 확연히 다른, 지금처럼 따뜻한 감성을 가진 존재가 될 것이기 때문에 우리 몸과 뇌 연구에 공을 들여야 한다고 말했다. 그래서 "인간이 끝까지 인간다움을 간직할 수 있는 비결은 '마음'에 있다"고 했다.

다. 물질문명(물질만능)시대에서 정신문명 시대로 - 인간혁명

세계민주화 시대는 유사 이래 인류문명을 줄기차게 지탱해 오면서 인간사회를 오늘의 최첨단 사회로 까지 발전시켜 왔던 물질문명(물질소유)의 극단의 시점에서 혁명적 변환의 시대를 맞이해야 할 수밖에 없는 새로운 인간혁명 시대를 말한다.

극단의 물질만능시대에서 정신문명 시대의 지평을 여는 새로운 세상을 말한다.

① 물질문명 시대란 무엇인가?
한마디로 말하면 물질소유를 위한 경쟁, 투쟁의 시대를 말한다. 인간의 역사 이래 지금까지 인류문명을 이끌어 오고 발전시켜온 근본정신은 물질이 근본 토대였다. 즉 물질소유의 경쟁과 투쟁의 역사였다.

이에 대해서 마르크스 주의 철학이 주장하고 있는 인류사회 발전 5단계설은 너무도 이를 잘 설명해 주고 있다.
제1단계 : 원시공동체사회
제2단계 : 노예사회
제3단계 : 봉건사회
제4단계 : 자본주의사회
제5단계 : 공산주의사회

위와같은 5단계를 거치면서 발전한다는 인류사회 발전의 내면에 흐르고 있는 인간의 정신은 철저한 물질소유를 위한 경쟁과 투쟁, 그 자체였다. 좀 더 살펴보자.

제1단계 : 원시공동체사회

원시공동체사회는 네것 내것 없이 사냥해온 것을 다 함께 공동으로 나누어 먹던 시기였다. 말그대로 공동사회였다.

그런데 원시공동체 사회에서도 열심히 일을 하는 무리가 있었는가 하면 일은 안하고 빈둥빈둥 놀면서 사냥해온 먹이를 축만 내는 무리들이 있었다. 이런 현상은 어느 공동체 사회에서나 반드시 있었다.

이런 현상을 개미와 벌 들의 집단생활을 관찰해서 발표한 사람이 있었다. Pareto라고 하는 이탈리아의 경제, 사회학자였다.

바로 pareto법칙(20:80)이란 것을 만든 사람이다.

Pareto는 개미나 벌은 열심히 일하는 무리가 20%이고 나머지 80%는 일은 안하고 빈둥빈둥 놀기만 한다는 것을 오랜 관찰을 통해서 확인을 했다. 뿐만아니라 20%의 일벌이나 일개미들을 따로 모아 놨더니 그렇게 열심히 일하던

무리들이 었지만 20%만 일하고 나머지 80%는 일을 안하고 놀기만 하는 것이 확인 되었다.

인간사회도 전체 富의 80%는 상위 20%가 차지하고, 전체인구 20%가 노동의 80%를 점유하고, 백화점의 20%고객이 전체매출의 80%를 찾이하고, 즐겨입는 옷도 20%만 즐겨입고 나머지 80%는 옷장에서 잠을 자고, 범죄도 20%의 범죄자가 80%의 범죄를 점유하고, 일의 성과도 집중한 20%의 시간이 나머지 80%의 근무시간 보다 더 나은 성과를 낸다는 것들이 확인 됐다.

이러한 20:80법칙의 원인, 원리가 무엇인지 아직 밝혀지지는 않았는데 마르크스가 주장한 인류사회 발전 5단계설 을 유발시키는 원리중에 하나 임에는 틀림없는 것 같아서 장황히 소개를 했다.

제2단계 : 노예사회
이렇게 열심히 일한 20%의 무리들이 참고 참다가 급기야 선언을 한다. 일 안한놈은 먹지도 말아라 하고 선언을 하면서 무위도식(無爲徒食)한 놈들을 대신 강제로 사냥터에 내보내고 노역을 시키면서 자기들이 대신 무위도식(無爲徒食)을 하는 사회가 되었다. 바로 노예사회의 시작이었다.

제3단계 : 봉건사회

① 그런데 이렇게 시작된 노예사회는 너무도 불안하고 안정되지를 못했다. 하루저녁 사이에 노예주와 노예가 뒤바뀌는 불안한 사회였기 때문이었다.

결국 노예주들이 자기들의 안전을 지켜줄 사회가 무엇일까 하고 고민을 하기 시작했다. 이렇게 고민한 끝에 만든 제도가 봉건 영주사회였다.

봉건영주들의 이익을 보장해 주면서 노예주들의 안정도 지킬수 있는 제도를 만든 것이다. 바로 봉건사회제도였다. 그래서 봉건사회제도는 오랫동안 계속되었다.

상당히 안정된 봉건사회는 오랫동안 유지 되었고 그러면서 인류문화의 발전도 함께 이루어 왔다. 동물사회와 거의 같았던 인간사회를 동물과는 확연히 다른 오늘의 인간문화의 상당한 모습을 꽃피우기 시작했다.

② 그러나 이런 봉건사회는 오랫동안 유지되었지만 내면 뿐만 아니라 외면적으로도 상당한 모순과 문제들이 쌓이고 쌓여서 더 이상 인간사회 라고는 볼 수 없는 극한의 비인간적 야만사회로 되어갔다.

양반지배 계층인 봉건영주들과 피지배계층인 노예들과 그리고 중간계급을 형성하고 있던 노동자 농민 상인들 간의 비인간적 모순과 착취구조가 너무도 깊고 악랄하게 굳어져 갔다.

③ 그렇게 굳어져 갔던 봉건사회에서 중간계급인 상인들은 어느 한지역의 상품을 다른 지역으로 가지고 다니면서 상행위를 하면서 상당한 부의 축적을 했다. 이런 과정에 단순한 상행위를 하는 것으로 끝나지 않고 자기가 직접 상품을 더 싸고 더 좋게 생산함으로서 엄청난 이득을 내면서 부의 축적을 더욱 촉진시켰다. 바야흐로 자본가 계급이

형성되는 자본주의 상공시대의 서막을 열기 시작되었다.

④ 상당한 부를 축적한 상인들은 눈을 바깥세상, 외국으로 돌리기 시작했다. 바로 외국에 상품을 내다 파는 무역을 시작했다. 자기 나라에만 풍성한 물품을 외국에 내다 비싼 값으로 팔고 자기 나라에 없는 물품을 외국에서 들여와 팔기시작했다. 이 또한 엄청난 부를 축적했다. 이렇게 자본가 계급의 형성은 공고화 되어갔다.

제4단계 : 자본주의 사회

① 해외무역을 하던 상인들은 외국에 나가서 상품을 팔고 구입하는 과정에서 상대방이 양반인지 하급계급 인지를 구분할 필요가 없었다. 오직 상품이 얼마나 더 좋고 값이 얼마나 더 싸냐하는 평등한 입장에서 흥정하고 거래를 했다.

이런 과정을 통해서 모든 인간은 평등하고 또 자유롭게 자기의 능력을 발휘할수 있는 존재라는 것을 깨닫기 시작했다. 바로 "내가 내 자신의 주인"이라는 것을 깨닫기 시작한 것이다. 정말 대단한 의식의 혁명이 아닐수 없었다.

노예사회, 봉건사회를 거치면서 감히 나자신이 나의 주인이라는 것을 생각조차 못하고 오직 나의 주인은 내가 모시고 사는 주인집 어른이고 나라님이라고 굳게 믿고 살아오던 시기에 이러한 새로운 의식혁명이 가슴속 깊은 곳에서 꿈틀거리시 시작한 것은 가히 인간혁명이 아닐수 없었다.

   ② 이러한 인간의식 혁명이 일어나기 시작한곳은 바로 무역상인들이 넘나들던 이태리 항구 도시였다.

   그래서 이태리 항구도시를 현대 민주주의의 발원지라고 인간중심철학에서는 밝히고 있다. 민주주의의 발원지가 그리스 희랍의 아테네라고 밝히고 있는 이전의 논리와는 새로운 발견이 아닐수 없다.

   ③ 이렇게 싹트기 시작한 자유와 평등사상과 함께, 축적된 자본을 바탕으로 자본주의 사회는 굳건히 형성되기 시작했다.

   인간의 자유와 평등사상을 바탕으로 하는 자본주의 사

회는 참으로 놀라운 인류사회의 발전을 이룩했다. 主權在民 사상을 바탕으로 하는 민주주의 가 탄생되는 인간혁명의 시기였기 때문이다.

④ 그런데 이렇게 놀라운 인류사회의 발전을 이끌어온 자본주의 사회도 자체의 모순이 잉태되기 시작했다. 바로 부익부빈익빈(富益富貧益貧)현상이 굳어지고 가속화 되어 갔기 때문이다.

등가교환(等價交換), 등가보상(等價補償)을 원칙으로하는 자유경쟁(自由競爭)의 시장경제체제는 자체의 합리적이고 정의로움이 있음에도 불구하고 자유경쟁에서 필연적으로 발생할수 밖에없는 승리자와 패배자의 물질소유의 간극은 가속 되어져 가지 않을수 없는 합리적 모순이 쌓이지 않을 수 없게 되었다.

제5단계 : 사회주의 공산주의 사회
① 사회주의 공산주의 사상이 민중들의 심층 저변으로부터 꿈틀거리기 시작한 것은 일면 자연현상으로 보여진다.

자본주의 사상이 자체의 합리성과 정의로움이 있음에도 불구하고 필연적으로 발생할 수 밖에 없는 부익부빈익빈(富益富貧益貧)이라는 모순을 극복하지 못하는 상황에서 자연적으로 발생할 수 밖에 없었다.

우리 인간은 누구는 위에 있고 누구는 밑에 있어서는 안 된다는 평등사상은 만고의 진리이고 만고의 정의다.

그러나 이런 만고의 진리, 만고의 정의도 가장 합리적이고 정의로운 원칙위에 세워졌다는 자본주의 사회체제에서 발생하는 필연적 현상인 富益富 貧益貧 의 모순구조 속에서는 한낮 구호일 뿐이었다.

② 이러한 모순은 반드시 개선되고 없어져야 한다는 생각들이 여러가지 모양으로 잉태되고 표출되기 시작했다.

③ 그 중에서 제일 주목을 받고 많은 동감을 일으켰던 주장은 인간의 본질적 속성인 사랑정신에 근거하는 공산주의 사상이었다.

독일 출신 철학자였던 포이에르 바하가 주장한 유물론적 인간주의 사상이었다.

포이에르 바하는 "공산주의란 단순한 재산의 공동소유 라는데에 의미가 있는 것이 아니라 인간의 소유욕의 극복, 즉 인간의 본질적 속성인 사랑정신 의 적극적인 회복을 위한 사상"이라고 설파했다.

즉 유물론적 인간주의 사상을 주장함으로서 현대 공산주의 운동의 창시자, 아버지로 불리는 독일의 철학자였다.
④ 그러나 이렇게 고결한 인간의 사랑정신에 바탕을 두고 탄생된 사회주의 공산주의 사상이 었지만 마르크스와 레닌에 의해서 재단되고 설계되면서 전혀 다른 방향으로 발전하게 되었다.

⑤ 인간성 회복을 제일의 목적으로 삼고 출발한 포이에르 바하의 유물론적 인간주의 사상은 마르크스와 레닌에 의해서 오히려 인간성을 말살하는 폭력과 기만의 두 기둥위에 세워짐으로서 인간파괴, 인간 실종사회를 탄생케 했다.

이 결과 결국 마르크스 레닌의 변증법적 유물론에 기초한 사회주의, 공산주의는 1989년~1991년 동구라파와 소련에서 와르르 무너지고 말았다. 인간의 사회에서 인간성, 인간의 본질적 속성을 파괴 함으로서 필연적으로 귀결된 결과가 아닐수 없다.

1) 인간의 역사는 소유를 위한 투쟁의 역사, 전쟁의 역사

지금까지 설명한 마르크스주의 철학이 주장하고 있는 인류사회 발전 5단계론의 전개 과정에서 볼수 있듯이 인간사회의 발전은 물질소유의 투쟁의 역사였다. 소유를 위한 전쟁의 역사였다.

따라서 물질을 중심으로 하는 자본주의 사회나 자본주의를 비판하고 나온 공산주의, 사회주의 사회나 물질중심의 사회일 뿐이다.

① 물질소유에서 모든 소유,즉 권력, 명예, 행복 까지 다

얻어진다고 믿었기 때문에 그렇게 물질소유에 집착했고 모든 노력을 다 퍼부었다.

한편 이런 노력-소유를 위한 경쟁, 투쟁- 끝에 인류문명도 급속도로 발전해왔고 오늘의 최첨단 인류문명을 이루었다.

뿐만 아니라 인간의 의식의 발전, 정신력의 발전도 함께 발전하여 바야흐로 전 인류의 집단지성시대를 맞이하게 되었다.

② 우리 인류가 집단지성시대를 맞이 함으로서 과거와 같이 무지몽매한 무리들이 없어지고 모든 사람들이 하나같이 자기들 살길을 자기들이 개척해 나갈수 있는 깨어있는 자유시민시대를 맞이한 것은 인간사회의 획기적 발전을 이룩한 가히 인간혁명이라고 말할 수 있다.

③ 그런데 여기서 문제가 발생했다.
획기적인 우리 인류의 인식능력의 발전, 정신력의 발전

을 이룩하는데 결정적인 요인이었던 물질소유를 위한 극한적 투쟁심리, 극한적 경쟁심리가 더 이상 우리 인류의 생존과 발전의 동력이 아니라 현존인류의 운명을 위협하는 시한폭탄으로 되었기 때문이다.

현재의 세계질서는 막다른 상황으로 치닫는 극단의 이기주의 시대, 극단의 거짓기만 시대, 극단의 폭력시대로 되었다. 인간을 포기한 야만의 동물사회로 될 수밖에 없었다.

무엇을 위해서?

소유를 위해서, 남의것을 **빼앗아** 자기것으로 만들려는 물질소유를 위해서이다.

④ 이런 물질소유를 위한 경쟁, 투쟁은 창조가 아니다. 나 아닌, 우리가 아닌 다른사람, 다른이의 것을 **빼앗으려**는 투쟁이고 경쟁일 뿐이다.

⑤ 이제 투쟁, 경쟁의 시대를 끝내고 창조를 위한 경쟁

의 시대의 문을 열어야 한다. 남의것 빼앗아 내것으로 만드는 zerosum game 시대를 끝내고 참다운 "창조경쟁의 시대"의 문을 열어야 한다.

⑥ 창조경쟁의 시대란 무엇인가?
물질만능의 경쟁 시대를 끝내고 정신경쟁의 시대를 열어야 한다.

유사 이래 인류문명을 이끌어 왔던 물질만능의 경쟁시대는 이제 막다른 상황에 와 있다.

세기적 미래학자 유발 하라리도 단언을 했다. 2,100년은 우리 인류가 맞닥뜨릴수 밖에 없는 특이점(singularity)이 될 것이라고 단언을 했다. 2,100년이 되면 현생인류인 Sapiens는 소멸된다고 단언을 했다. 소름끼치는 소리가 아닐수 없다.

그러면서 그는 그런 상황에서 우리 인류가 현존인류를 지킬 수 있는 길은 오직 "마음"을, 인간의 마음을 지키는 길 뿐이라고 말했다.

이제 "물질 만능"의 시대를 끝내고 "정신혁명시대"를 열어야 하는 이유가 여기에 있다.

2) 유대인의 티쿤 올람 사상과 한민족의 弘益人間 理化世界 사상

인간의 "소유"를 위한 경쟁과 투쟁으로 인해서 유발될 수 밖에 없는 극한의 이기적 동물사회를 어떻게 본연의 인간사회로 만들 수 있을가? 큰 과제가 아닐 수 없다.

이에 대해한 유대인의 "티쿤 올람사상"과 한민족의 "弘益人間 理化世界 사상"을 소개한다.

① 유대인의 티쿤 올람 사상

유대인들은 남자 13세, 여자 12세가 되면 성인식을 갖는다. 성인식을 할 때 랍비-성인식을 주관하는 유대교의 목회자-는 성인식을 갖는 아이에게 하는 정해진 질문이 있다. 그리고 정해진 답변이 있다.

질문 : 사람은 왜 사는가?
답변 : 티쿤 올람입니다.

티쿤 올람 이란 무엇인가? 굉장한 철학적 의미와 창조섭리의 명령이 있다. 티쿤이란 유대어로 개선한다. 더 좋게 만든다 라는 의미이다. 올람이란 세상, 인간세상을 의미한다. 그래서 "티쿤 올람" 이란 세상, 사람이 사는 세상을 더 좋은 세상으로 만든다 라는 뜻이다.

우리는 자라면서 "너는 왜 사느냐?" "우리 인간은 왜 사느냐?"라는 질문을 가지고 많은 토론을 하기도했다. 먹기 위해서 산다고도 했고, 살기 위해서 먹는다 라고도 하면서 말 싸움을 했다.

그런데 이 말싸움은 얼마나 허망하고 의미없는 말 장난인가하는 것을 유대인들의 "티쿤 올람"의 정신을, 진리를 알게되면 통감하지 않을 수 없다.
여기서 유대인들의 종교인 유대교의 "티쿤 올람" 사상을 좀 더 알아보자.

유대교와 기독교는 세상만물을 창조주 하나님이 창조하셨다고 믿는 종교다. 그런데 하나님이 창조하신 세상을 보는 관점은 유대교와 기독교는 크게 다르다.

기독교는 하나님께서 세상만물을 창조하실 때 첫째날부터 다섯째 날까지 천지만물을 창조하시고 마지막 여섯째날에 자기를 꼭 닮은 인간을 창조하시고 일곱째 날에는 하시던 모든 일을 그치시고 안식을 하셨다고 기록하고 있다.

여기서 우리가 주목하고 중요하게 생각해야 할 것은 하나님께서 자기형상 곧 하나님의 형상대로 사람을 창조하셨으며 창조성업의 제일 마지작 날에 인간을 창조하셨다 하는 것에 주목해야 한다. 인간을 제일 마지막날에 창조하셨다는 것은 너무도 큰 진리와 섭리가 있기 때문이다.

마지막이란 모든 것의 끝이란 뜻이다. 끝이란 완성을 의미한다.

조물주 하나님께서 세상만물을 창조하시고 제일 마지막

날인 여섯째 날에 인간을 창조하시고 일곱째 날에는 안식을 하셨다. 이 얼마나 큰 진리인가! 얼마나 큰 섭리인가!

하나님께서 자기 형상대로 인간을 제일 마지막 날에 창조하셨다함은 인간을 창조 함으로서 하나님이 우주만물의 창조성업을 완성 완결시켰다는 뜻이다. 인간의 탄생은 우주 만물의 완결판 이라는 뜻이 아닌가?

기독교는 조물주 하나님께서 세상 만물을 창조하셨는데 완벽하게 완결 하셨다고 믿고 있다.

창조주 하나님이 이 세상을 완벽하게 창조하셨다고 보는 기독교와는 달리 유대교는 하나님이 세상을 창조하셨지만 미완성 상태로 창조 하셨기 때문에 지금도 하나님은 창조성업을 계속하고 계시다고 믿고 있다.

그런데 그 미완성 상태의 세계를 완성시키는 창조성업을 우리 인간을 통해서 하신다고 믿고 있다.

그것이 바로 "티쿤 올람"사상이다.

유대교의 "티쿤 올람 사상"은 다윈의 진화론에 대해서도 부정하거나 부인하려 들지 않는다. 진화 자체가 창조주의 "단계적 창조"로 보고 있기 때문이다.

그래서 유대교는 창조주께서 지금도 창조성업을 계속하고 계시다고 믿고 있다. 우리 인간을 통해서 계속해서 창조사업을 하고 계시다고 믿고 있다.

이와같은 유대인들의 인간에 대한 관점을 통해서 그들의 인간존엄사상을 엿볼 수 있다. 그들은 우리 인간을 창조주 하나님의 반열에 놓을 정도로 귀하고 존엄한 존재로 보고 있다.

그래서 그들은 더 좋은세상을 만들어야 할 책임과 의무가 우리 인간에게 있다고 믿고 있다. 하나님의 뜻 理想世界, 地上天國 를 만들어야 할 책임이 우리 인간에게 있다고 믿고 있다.

하나님의 뜻을 실현하려면 하나님의 진정한 뜻이 무엇인가를 끊임없이 성찰하고 찾아내어 실천함으로서 우리 인간이 하나님에 대한 책임을 다 하는 것이라고 믿고 있다.

유대인들은 그것이 바로 창조주 하나님의 참 뜻이고 우리 인간이 창조주에 대한 의무라고 생각한다.

이러한 의무를 다하기 위해서는 인간은 신의 뜻이 무엇인지, 신의 섭리가 무엇인지를 찾아내기 위해서 끊임 없이 연구하고 탐구해야 한다고 믿고 있다.

그래서 그들은 인간의 삶이란 창조주 하나님에 대한 헌신이자 충성을 다 하는 것이라고 믿고 있다.

창조주의 섭리를, 신의 참 뜻을 알기 위해서는 하나님을 진정으로 공경하는 마음을 가져야 하고 이러한 공경심은 기도를 통해서 이루어 진다고 믿고 있다.

이렇게 신에 대한 공경심을 가지고 기도함을 유대인들은 신을 알아가는 과정이고 곧 배움의 과정이라고 믿는다.

그래서 유대인들에게는 신앙 자체가 곧 배움이고 생활이다. 유대인들을 배움의 민족이라고 하는 이유가 여기에 있다. 그들은 신앙생활 자체가 가장 중요한 가치이자 창조주 하나님께 다가갈수 있는 길이라고 믿는다.

유대인들은 자기가 태어 났을 때 보다 더 좋은 세상을 만드는 것이 자기가 태어난 이유이자 소명이라고 생각한다.

유대인들이 창조성과 창조력이 강한 이유가 이러한 종교적 신념과 사상을 갖고 있는 "티쿤 올람 사상"에 있음을 알 수 있다.

유대인들이 전 세계의 민족가운데서 얼마나 유능하고 뛰어난 민족인가 하는 것은 다시 밝힐 필요가 없을 정도로 분명하다. 그리고 그들이 그렇게 유능하고 뛰어난 민족으로 된 이유도 그들의 "티쿤 올람 사상"에 있음도 분명하다.

미국에서 유대인들의 파워를 나타내는 지표를 보자.
(조선일보 보도 내용참조 2027. 3. 30)

미국내의 유대인 인구 : 2.1%(약 640만)
미국의 파워 엘리트　　: 51%
미국의 고위공직자　　: 15%
미국의 주요대학 교수 : 20%
미국의 로펌파트너　　: 40%
미국의 주요언론인　　: 25%
하버드 재학생　　　　: 30%

② 한민족의 弘益人間, 理化世界 사상

유대인들에게 "티쿤 올람 사상"이 있다면 천손민족인 우리 한민족에게는 弘益人間, 理化世界, 布德天下 사상이 있다.

弘益人間, 理化世界 사상은 단군왕검의 건국이념 사상이고 布德天下 사상은 우리민족 고유의 종교사상인 천도교 사상이다.

弘益人間 이란 널리 인간세상을 이롭게 한다는 사상이다.

누구에게도 해롭지 않고 모든 사람에게 다 이익이 되고 행복을 주는 세상을 만들어야 한다는 사상이다.

내가 행복하기 위해서 남의 남의 것 빼앗아 내것으로 만드는 zerosum game세상이 아닌 내가 이익을 얻는만큼 모든다른 사람들도 똑같은 이익과 행복을 얻는 세상을 만들자는 사상이다.

理化世界란 모든 사람이 다 행복하고 이로운 세상을 만드는데는 창조주 하느님의 섭리에 따라 만들어야 한다는 사상이다.

모든 이에게 행복하고 이익이 되는 세상을 만드는데 인간의 욕망과 이익만을 추구하는 인간적 욕망으로 해서는 안된다는 말이다. 하늘의 뜻이 하늘의 섭리가 인간세상에 이루어지도록 해야 한다는 것이다.

이런 세상을 이룰 때 이세상은 布德天下 의 세상이 된

다고 천도교(우리민족 고유의 종교)는 설파하고 있다.

창조주 하나님의 덕이 세상에 펼쳐지는 세상을 만들어야 한다는 말이다. 하나님의 덕이란 하나님의 한없는 사랑을 말한다.

이말은 하나님의 덕성, 하나님의 사랑은 오직 우리 인간을 통해서만 이세상에 펼칠수 있고 이루어 나갈수 있다는 말이다.

참으로 경이롭고 위대한 창조주의 섭리이고 진리가 아닐 수 없다.

따라서 유대인의 "티쿤 올람 사상"과 우리 민족의 "弘益人間 理化世界, 布德天下 의 사상은 절묘하게도 같은 진리를 가지고 있다고 하겠다.

6. 변증법

　세계민주화가 완성되면 그간 인류문명을 이끌어 오면서 발전시켜왔던 모든 학문은 한낱 상식으로 되어지기 때문에 필요없게 된다. 그때 남는 것은 오직 과학과 변증법 뿐이다 라고 인간중심철학은 천명하고 있다.

　그래서 세계민주화 이후에도 우리 인간세상을 이끌어갈 변증법을 연구하고 탐구해야할 필요성이 제기된다.

가. 변증법이란 무엇인가?

　우리는 변증법이란 말을 많이 들어왔다. 좀 유식하다는 말을 듣고 싶은 심정으로 자주 인용하면서 우쭐해하기도 했다. 그러나 고작해야 변증법이란 "정반합(正反合)의 법칙이다"라는 정도로만 알고 있을 뿐이다.

　필자 역시 변증법이란 무엇인지 알려고 노력했지만 도

무지 정리가 안 되어 무척 방황했다. 그래서 막상 변증법이란 무엇인가 하고 물으면 제대로 이해하고 대답하는 사람은 그리 많지 않다. 기껏해야 무엇이 변화하는 것을 증명해주는 법칙이 아닐까 하고 막연하게 생각하는 정도다.

그런데 인간중심철학을 공부하면서 변증법이 정말 중요하다는 것을 알게 되었다. 왜냐하면 세상 만물은 그 존재가 가지고 있는 속성으로 인해서 예외 없이 운동, 변화, 발전을 하고, 이와같은 운동, 변화, 발전을 하는 데는 공통적인 원리가 있는데, 이 원리를 찾아내어 공식화한 것이 변증법이라고 하는 것을 깨달았기 때문이다. 즉 발전에 대한 철학적 논리가 변증법이라는 것을 깨달았기 때문이다.

그러면 변증법이란 무엇이고 인간중심철학에서 정의하고 있는 변증법이란 무엇인가? 우선 인간중심철학에서 명료하게 정의하고 있는 변증법을 먼저 살펴보자. 그리고 그간 변증법이 탄생되어 발전되어온 과정과 변증법의 철학적 이론에 대한 것을 황장엽 선생의 강의 내용을 통해서 알아보자.

인간중심철학에서는 "변증법이란 발전의 법칙이다. 즉 모든 존재의 발전에 관한 철학적 논리다"라고 간단하고 명료하게 정의하고 있다.

이 발전의 법칙은 결국 인간중심철학의 원리인 발전의 원리를 공식화한 것이다. 원리는 어느 것에나 또 어떤 경우에나 다 적용되는 공통성을 가질 때 원리라고 한다. 그리고 이 원리를 공식화한 것이 법칙이다. 여기서 우리는 원리란 세계(세상 만물)가 가지고 있는 속성이라는 것을 잊지 말아야 한다. 따라서 원리는 세계 만물 속에 꼭꼭 숨어 있는 것들을 우리 인간이 하나씩 찾아내어 발견한 것이지 인간이 만들어낸 것이 아니다. 단지 원래 존재해 있던 것을 발견해낸 것이다.

그런데 놀라운 것은 이렇게 발견해낸 원리들을 통찰해 보면 거기에는 하나같이 확실한 동일성과 차이성으로 연결되어 있다는 사실이다.

그렇기 때문에 변증법은 하나의 원리, 하나의 씨앗을 통해서 파노라마처럼 변화무쌍하게 운동, 변화, 발전하는 현상을 물질 존재의 속성에 근거해서 철학적으로 공식화한 것을 논리적으로 설명하는 것을 말한다.

그래서 나는 변증법이란 것을 생각할 때마다 황장엽 선생으로부터 인간중심철학 강의를 함께 듣던 어느 유명한 정치학 교수가 "선생님, 변증법에 대해서 아주 명료하고 알기 쉽게 설명을 좀 해주십시오. 다음 학기에 우리 대학에서 변증법을 강의하려고 하는데 도무지 딱 떨어지게 정리가 되지를 않습니다"라고 질문했던 것이 떠오른다.

나. 변증법의 탄생과 발전 과정

◆ 소크라테스, 아리스토텔레스의 변증법

원래 변증법이란 말을 처음 쓴 사람은 그리스의 철학자 소크라테스였다. 소크라테스는 처음에 변증법을 대화법이라고 했다.

소크라테스는 대화를 할 때 상대방이 주장하는 것을 그대로 옳다고 인정을 하라, 그리고 그 다음에는 그러면 이것과는 왜 맞지 않는가 해서 자기가 처음에 주장한 것을 스스로 부정하지 않으면 안되게끔 하는 방법으로 대화를 하는 것이라고 했다.

그러니까 대화를 통해서 모순되는 것을 가르쳐 줌으로써 자기 자신이 처음에 주장했던 것을 부정하지 않으면 안되게 하는 대화 방법을 만들었다.

아리스토텔레스는 자기가 혼자서 논리학을 완성했다고 주장했다.

아리스토텔레스는 삼단논법, 즉 고전적 논법을 개발했다. 모든 사람은 다 죽는다, 소크라테스도 사람이다, 따라서 소크라테스도 죽는다. 즉 대전제 - 소전제 - 결론 등의 논리를 만들었다. 이것이 종래의 논리학인 형식 논리학이다.

◆ 헤겔 변증법

이렇게 계속되어오다가 헤겔에 와서 이 논리학이 크게 논의되기 시작했다.

헤겔은 스스로 새로운 논리를 개발했다. "이것이 변증법이다"라고 주장했다. 낡은 논리는 아리스토텔레스가 체계화한 논리, 즉 형식논리학이라고 말했다.

헤겔은 正反合논리를 주장했다. 처음에는 긍정적인 것을 그 다음에는 그 반대되는 명제를, 그다음에는 그 둘을 통일해 합치는 것, 즉 正反合의 논리를 주장했다. 그래서 모든 것은 正反合의 순서로 논리가 진행된다고 했다.

헤겔은 正에도 속하지 않고 反에도 속하지 않는 제3의 것은 있을 수 없고 다만 正과 反을 합한 것이 있을 수 있다는 논리를 폈다.

그런데 헤겔은 물질 존재를 인정하지 않았다. 물질, 즉 자연이 존재하기 전에 정신, 절대정신만이 존재한다고 주장했다. 그래서 이 절대정신이 발전한다는 것을 다음과 같이 설명했다.

세상에 존재하는 것은 정신, 즉 절대정신뿐이다. 그런데 이 절대정신은 구체적으로 '이것은 연필이다, 이것은 책이다'라고 하는 구체적인 규정성이 있는 것이 아니라 그냥 존재한다, 그냥 있는 것이다라고 했다.

그런데 이렇게 그냥 존재한다는 것, 즉 순유(純有)는 구체적으로 어디에 있는가, 없다. 즉 純有는 無와 같다. 순수한 有로부터 시작해서 그 정반대인 순수한 無로 되었다. 순 有가 있으면 순 無도 있다. 그래서 有와 無는 같다. 有가 無로 넘어가고 無가 有로 넘어가는 것은 결국 사물이 발생하고 소멸하는 과정이다. 여기서 生成이라는 새로운 개념이 나온다고 했다.

이렇게 헤겔은 정신이 발전한다는 정신의 발전에 대해서 설명을 했다. 헤겔이 말하는 발전의 논리란 인식의 발전의 논리를 말한다. 결국 인식의 발전의 논리는 모든 사물의 발전의 논리라고 생각을 했다. 헤겔은 인식의 주체인 정신이 곧 존재의 주체이기 때문에 인식의 발전 단계는 곧 존재의 발전 단계라고 주장했다.

즉 자기 존재를 인식하는 존재 단계로부터 자기 본질을 인실하는 본질 단계로 넘어가고 이로부터 모든 사물의 본질과 진리를 포괄하는 절대적 개념을 인식하는 개념 단계로 넘어가는 자기 인식의 발전 과정은 결국 자기 존재의 발전 과정이기도 하다고 주장했다.

이렇게 헤겔은 존재론, 본질론, 개념론 등으로 나누고 그 순서대로 절대정신이 발전한다고 주장했다.

헤겔은 이 존재의 발전 과정과 일치되는 인식의 발전 과정에 관한 논리를 변증법이라고 했다.

그러면 절대정신이 자기 자신을 인식해나가는 인식 발전의 논리의 기본 특징은 무엇인가?

그 첫 번째 단계는 자기 존재의 긍정적 측면을 인식하는 단계이고(正), 두 번째 단계는 긍정과 대립되는 부정적 측면을 인식하는 단계이며(反), 세 번째 단계는 긍정적 측면의 인식과 부정적 측면의 인식을 통일시킨 보다 더 높은 단계(合)의 인식에 도달하게 된다는 것이다. 이것이 正反合의 삼단 도식으로 널리 알려져 있는 헤겔 변증법의 골자다.

◆ 마르크스주의의 변증법

마르크스주의자들은 이렇게 신비화되고 수수께끼같이 설명된 헤겔의 변증법에서 합리적인 알맹이만을 용케도 골라내어 역사상 처음으로 변증법을 사회 역사적 발전에 적용하려고 시도했다.

마르크스주의자들, 특히 엥겔스는 변증법을 3개의 법칙으로 나누어 설명했다. 즉 질량의 통일의 법칙, 대립물의 통일의 법칙, 연속성과 불연속성의 통일의 법칙(부정의 부정의 법칙)으로 나누어 설명했다.

마르크스주의자들은 헤겔이 발견한 논리, 즉 正反合의 법칙과 존재론, 본질론, 개념론 등의 논리를 유물론적 입장과 계급투쟁, 폭력 혁명을 정당화하는 데 이용하기 위하여 변증법의 기본 법칙을 위와 같이 세가지로 공식화 했다.

◆ 황장엽의 인간중심철학의 변증법

위에서 누누이 설명한 종래의 변증법은 존재물이 가지고 있는 자체의 운동, 변화, 발전의 원리를 유추(類推)해 정립한 발전에 대한 기본 법칙을 말한다. 이와 같은 종래의 변증법은 존재물의 발전의 원리를 규명하는데 그쳤을 뿐이다.

그 속에는 어떤 발전 방향과 목적을 위해서 변화, 발전시켜야겠다는 자주적이고 창조적인 주체적 의지가 없고, 무엇을 어떻게 변화, 발전시켜야 하겠다는 객체적 존재가 없다.

인간중심철학은 인간의 운명 개척의 길을 밝혀주는 것을 철학의 사명으로 하는 철학이라고 정의하고 있다.

인간이 인간 자신의 운명을 개척해 나가려면 인간 자신과 인간이 살아가고 있는 세계를 인간의 운명에 맞게 개척해나가야 한다.

이 일을 누가 해야 하나? 인간 자신이 해야 한다. 즉 인간이 주체가 되어서 인간 자신의 운명을 개척해나가야 한다.

또한 인간이 주체가 되어서 인간의 운명을 개척해나가는 데는 주체인 인간이 인간의 운명에 맞게 개척해나가야 할 상대, 즉 객체가 있어야 한다.

그래서 인간중심철학에서는 주체와 객체의 변증법을 정립했다. 인간이 주체가 되어서 객체를 변화, 발전시키는 데는 확실한 목적을 세워야 하고 그 목적 실현을 위해서는 어떤 수단과 방법을 써야 하는가가 중요하다. 그래서 인간중심철학은 목적과 수단의 변증법을 새롭게 정립했다.

그래서 황장엽의 인간중심의 변증법은 마르크스주의의 3대 법칙에 2대 법칙을 추가해서 5대 법칙을 정립했다.

① 양과 질의 통일의 법칙(마르크스주의 변증법에서는 '질량의 법칙'이라고 했는데 황장엽의 변증법에서는 '양질의 법칙'으로 고쳤음. 이에 대한 설명은 추후에 함)
② 대립물의 통일의 법칙
③ 연속성과 불연속성의 통일의 법칙(부정의 부정의 법칙)
④ 목적과 수단의 통일의 법칙
⑤ 주체와 객체의 통일의 법칙

◆ 사랑의 변증법 – 필자의 제안

위에서도 언급했듯이 인간중심철학이란 인간의 운명 개척의 길을 밝혀주는 것을 철학의 사명으로 하는 철학이다. 따라서 인간중심철학을 인간의 운명 개척을 위한 철학으로 규명하는 한 인간만이 가지고 있는 정신에서만 나올 수 있는 '사랑'은 인간의 운명을 좌우하는 절대적 요소다. 다른 말로 표현하면 창조주 하나님의 '기적의 역사'를 만들 수 있는 유일한 권능이다.

모든 존재는 원인이 있으면 반드시 그에 따르는 결과가 있다. 이것을 필연의 법칙이라고 한다. 그러나 이런 모든 존재의 필연의 법칙도 인간의 사랑 능력은 허물어트리고 녹여버릴 수 있다. 사물의 원리, 필연의 원리에서는 상상할 수 없는 우연하고도 의외의 발생을 기적이라고 한다. 이 기적을 인간은 만들어낼 수 있다. 이런 기적을 만들어 낼수 있는 길은 오직 인간만이 가지고 있는 '사랑의 길'뿐이다.

사랑의 변증법은 결국 "울림현상"으로 나타날 때 세상을 극변시키는 기적을 일으킨다. 울림현상은 변증법의 원리 원칙을 뛰어넘는 현상이다.

울림현상은 반동현상으로 나타날 때 더욱 크고 위대한 힘을 일으킨다. 세계의 모든악이 웅축되어진 이곳 극동의 辰

方 작은 구석 대한민국에서 울림현상이 울리기 시작한다.

지금 지구촌 곳곳에 퍼져나가 반성과 회개, 통곡을 통해서 사랑을 실천하는 위대한 대한민국의 천사들이 울림의 불씨를 당기고 있다. 이 울림의 불씨는 지구촌 전체를 뒤흔들어 인간혁명을 일으켜 새로운 인류문명시대를 만들어 낼 것이다.

새로운 인류문명시대는 인간의 마음을 다스리는 정신혁명시대의 도래를 가져온다.

인간은 어떤 현상(존재)이 있으면 느낌이 온다. 느낌이 오면 판단을 한다. 좋고 나쁘고, 기쁘고 슬프고, 행복하고 불행하고 등의 판단을 한다. 판단을 하면 마음의 변화를 일으킨다. 마음의 변화가 오면 의지가 세워진다. 사람의 의지는 쇠도 뚫고 나간다. 이런 한 사람의 의지는 모든 사람의 의지로 무섭게 전파되어 나간다. 마음과 마음으로 연결되어 퍼져나가는 한사람의 의지는 화음현상을 일으켜 "울림현상"을 일으킨다.

이런 울림현상은 우주만물의 기운이고 우주만물의 마음이다. 이런 우주만물의 기운이 인간의 마음, 인간의 기운과 연결되어 하나로 통일될 때 인간은 천지기운, 천지마음을 깨닫게 된다.

그래서 우리는 마음을 다스리는 훈련을 쌓아야 한다. 우리 선조들은 일찍이 마음을 다스리는 법을 깨달았다.

마음을 다스리는 수련은 "나"로부터 출발한다. "나"로부터 출발하는 나"는 나를 사랑하고 아끼기 때문이다. 나를 아끼고 사랑하는 이유는 모든존재가 가지고 있는 본질적 특성인 자기를 보존하려 는 성질이 있기 때문이다. 나를 아끼고 사랑할 때 나 아닌 상대의 존재도 사랑하고 아끼게 된다. 도산 안창호 선생이 愛己愛他 정신을 주장한 이유도 여기에 있다.

상대의 존재를 사랑하고 인정할 때 나의 존재도 인정되고 보장된다. 나의존재가 보호되고 보장되려면 나를 내가 사랑하듯이 상대방도 보호하고 사랑 해야 한다. 이것이 인간의 본성일 뿐만 아니라 만물의 본질이다.

그런데 우리 인간은 이러한 본질을 잊고 살아왔다. 오직 인간의 반쪽인 자기 몸만 편하고 자기몸만 행복을 느낄수 있는 물질소유에만 집착해 왔기 때문이다.

이제 천지기운, 천지마음을 깨닫고 얻을수 있는 수련을 해야 한다. 일찍이 우리민족은 정신수련을 깨닫고 정진해 왔다.

弘益人間, 理化世界. 布德天下의 정신수련 세계를 실천해 왔다.
정신수련을 통해서 인간혁명을 일으켜야 한다. 인간혁명은 물질 중심에서 인간중심으로 세계가 바뀔 때 일어난다.

필자는 '사랑의 변증법'을 제안하면서 뜨거운 토론과 탐구를 통해서 후학들이 사랑의 기적을 규명해서 인간 세상이 사랑으로 가득한, 오만하고 사나운 세상이 되지 않도록 노력하기를 기대한다.

다. 인간중심철학의 변증법 5대 법칙

1) 양과 질의 통일의 법칙
   (존재와 운동의 통일의 법칙)

인간중심철학에서는 마르크스주의자들이 주장한 질량의 통일의 법칙을 양질의 통일의 법칙으로 하고 그에 대한 논리를 펼쳐나가고 있다. 세상에 존재하는 모든 존재는 양(量)과 질(質)로 구성되어 존재한다. 이 말은 세상에 존재하는 모든 존재는 일정한 양적 구성 요소를 가지고 존재하고 그 구성 요소들은 자기를 보존하려는 성질을 가지고 존재한다는 말이다.

모든 존재물은 양적 측면(양적규정성)과 질적 측면(질적규정성)을 가지고 존재한다는 말이다. 그래서 우리가 어떤 존재를 알려면 그 존재가 어떤 양의 물질로 구성되어 있고 어떤 성질을 가진 존재인가를 알아야 한다.

그런데 양은 몇㎝의 양, 몇g의 양이라고 알고 표현할 수 있지만 질은 몇㎝의 질, 몇g의 질이라고 알 수도 없고 표현할 수도 없다.

그러면 질은 무엇인가? 질은 우리가 어떻게 알 수 있는가? 질(質)은 존재물이 가지고 있는 성질을 말한다. 그래서 질은 운동으로 나타날 때만 그 존재가 어떤 성질을 가지고 있다는 것을 알 수 있다.
그래서 양질의 법칙이란 존재와 운동의 통일의 법칙이라고도 말한다.

양질의 법칙을 왜 존재와 운동의 통일의 법칙이라고 할 수 있는가를 좀더 알아보자.

모든 사물이 가지고 있는 성질은 본질상 자기 존재를 보존하려는 속성(근본 성질)을 말한다. 그런데 모든 사물을 이루고 있는 물질의 양과 존재 형태는 다 다르다. 따라서 자기 존재를 보존하려는 성질도 다 다른 형태로 표현된다. 즉 물질의 양적인 특징이 다른 것만큼 물질의 성질도 그만큼 다 다르다.

이런 양과 질의 관계를 보통 학술적으로는 대상의 다양한 양적 규정성에 다양한 질적 규정성이 상응한다고 표현한다.

물질적 존재의 자기를 보존하려는 성질은 자기 존재의 특성을 보존하기 위한 운동으로 표현된다. 그래서 양과 질의 관계는 존재와 운동의 관계와 일치된다고 볼 수 있다. 따라서 사물의 성질과 사물의 운동의 특성은 일치된다.

그러므로 양과 질의 통일의 법칙을 존재와 운동의 통일의 법칙이라고도 한다.

세상 만물은 다 차이성을 가지고 있다. 차이성은 모든 존재의 보편적 특징이다.

또한 세상 만물은 다 공통성을 가지고 있다. 공통성(동일성)도 모든 존재의 보편적 특징이다. 그래서 세상에는 똑같은 것도 존재하지 않으며 완전히 다르기만 한 것도 존재하지 않는다.

그러면 세상 만물이 공통성을 가지고 있으면서도 차이성도 가지고 있다는 것은 사물의 변화 발전에서 어떤 의미를 가지는가?

객관적 존재로서의 동일성과 서로 다른 성질을 가진 차이성이 결합되면 동일성도 강화되고 차이성도 강화된다. 여기서 결합이 새로운 사물 발전의 원인이고 동력이라는 것을 알 수 있다.

이것은 결국 보다 많은 다양한 존재가 결합될수록 보다 더 자기 보존성과 주동성, 능동성이 강한 사물이 발생할 수 있게 된다는 것을 말해준다.

위에서 설명한 모든 물질적 존재의 공통적 특징은 첫째, 모든 존재는 객관성과 주관성을 가지고 존재한다. 둘째, 모든 존재는 동일성과 차이성을 가지고 존재한다. 셋째, 모든 존재는 결합과 분열을 하는 속성을 가지고 있다.

그래서 이와 같은 존재의 공통적 특징으로 인해서 자기

보존성의 요구에 맞게 결합과 분열을 끊임없이 진행함으로써 보다 더 발전된 새로운 존재가 발생할 수 있다.

여기서 우리는 이 양질의 법칙에서 중요한 사실을 깨닫게 된다. 일반적으로 자연과학의 법칙은 인간이 변경시킬 수 없는 절대적인 것으로 생각하고 있다. 그러나 사물의 운동 법칙은 사물의 펼연적 운동 형태에 지나지 않기 때문에 우리 인간이 새로운 물질적 존재를 만들어내면 이와 같은 물질적 존재의 필연적 운동 형태인 법칙도 새롭게 만들어낼 수 있다.

그래서 물질의 성질에 대한 그 어떤 신비주의도 있을 수 없게 된다.

모르면 신비주의가 나올 수 있지만 물질의 상태를 명백히 아는 조건에서는 신비주의가 나올 수 없다.

그러면 양과 질의 통일의 변증법(존재와 운동의 통일의 변증법)이 인간의 운명 개척에서 가지는 중요한 본질적 의의는 어디에 있는가?

인간의 운명은 세계와의 관계에서 결정된다. 따라서 인간이 자기 운명을 개척하기 위해서는 세계를 자기의 요구에 맞게 개조하는 창조적 활동을 벌여야 한다.

그러기 위해서는 인간을 포함한 세계의 본질적 특징과 세계에서 차지하는 인간의 지위와 역할이 무엇인가를 알아야 한다.

그렇기 때문에 존재와 운동의 본질적 특징을 밝혀주는 양질의 변증법은 인간 자신과 세계를 올바로 인식하는 것이 인간의 운명 개척을 위한 가장 근본적인 지침이 된다는 것을 증명해주는 법칙이다.

우리는 무엇보다 먼저 양과 질의 통일의 변증법을 지침으로 해서 세계가 무엇인가 하는 것에 대한 올바른 인식에 기초하여 세계의 주인, 자기 운명의 주인으로서의 확고한 신심을 가지는 것이 중요하다. 양질의 변증법을 알아야 하는 기본 목적이 여기에 있다.

2) 대립물의 통일의 법칙

인간은 자연에서 나왔다. 그러나 자연에서 나온 인간은 자연적 존재와 대립되는 사회적 존재가 되었다. 인간이 생존과 발전을 하기 위해서는 자기 운명을 개척하기 위한 창조적 활동을 해야 한다.

자연 개조 사업, 인간 개조 사업, 사회관계 개조 사업 등 3대 개조 사업을 하기 위한 창조적 활동을 해야 한다. 이러한 3대 개조 사업을 통해서 우리 인간은 자연적 존재와 대립되는 사회적 존재가 되었다.

그래서 자주적으로 창조적으로 자기 운명을 개척해나가는 사회적 존재인 인간이 출현함으로써 세계는 사회적 존재와 자연적 존재로 상대적으로 갈라져서 대립물의 통일을 이루게 된 만큼 인간과 자연의 대립을 통일시켜 나가는 것은 인간의 운명 개척과 우주 발전의 최대의 과업이라고 할 수 있다.

인간의 운명과 우주(세계) 발전의 운명은 전적으로 인간이 자연을 자기의 요구에 맞게 개조해나가는 창조적 활동의 성과 여하에 달려 있다. 그러므로 자연을 개조하기 위한 인간의 창조적 활동은 인간의 운명 개척과 우주발전에서 가장 중대한 의의를 가진다.

이 점에서 대립물의 통일의 변증법은 무엇보다도 인간과 자연의 대립을 통일시켜 나가는 데 그 주된 사명이 있다고 볼 수 있다.

인간과 자연의 대립을 통일시켜나가기 위해서는 인간 자신을 보다 더 힘 있는 존재로 개조하는 창조적 활동이 필요하다.

그런데 인간은 개인적 존재인 동시에 사회적으로 결합된 집단적 존재인 만큼 인간을 개조하는 사업은 개인적 존재로서의 인간이 지닐 수 있는 생명력을 강화하기 위한 창조적 활동과 함께 개인들을 집단적 존재로 결합시키는 사회적 결합 관계를 발전시켜나가는 창조적 활동의 두 측면을 포함하게 된다.

그래서 자연 개조 사업, 인간 개조 사업, 사회관계 개조 사업은 인간이 자기 운명을 개척하고 우주의 발전을 보장하기 위하여 반드시 진행하여야 할 3대 창조적 사업이다.

인간은 오직 자기의 요구에 맞게 자연을 개조하여 자연의 물질적 힘을 인간 자신의 힘으로 전환시킴으로써 그것을 밑천으로 하여 인간 개조 사업과 사회관계 개조 사업을 진행하여 인간의 끝없는 생존과 발전을 실현해 나갈 수 있다.

우리 인간은 자연을 인간의 뿌리로, 영원한 어머니로, 운명의 동반자로 보아야 한다. 그래서 인간은 자기 운명에 대해서뿐만 아니라 자연을 발전시키는 데 대해서도 책임지는 입장에 서야 한다.

따라서 대립물의 통일의 법칙의 본질은 자연을 개조하는 인간의 창조적 활동의 변증법으로 이해하여야 할 뿐만 아니라 인간 자신을 개조하는 창조적 활동의 본질을 이해하도록 해야 한다.

인간이 자연을 자기 요구에 맞게 개조하는 창조적 활동을 하지 않고서는 살 수도 없고 발전할 수도 없다는 것은 인간과 자연의 대립을 통일시켜나가는 창조적 활동이 곧 인간의 생명 활동이며 창조적 활동을 떠난 인간의 생존이란 있을 수 없다는 것을 말해준다.

즉 창조적 활동은 인간생명의 본질적 특징이라는 것을 말해준다. 그래서 창조적 활동을 하지 않는 사람은 사람 자격이 없다고 볼 수 있다. 이렇게 인간의 창조적 활동이 중요하다.

그래서 인간중심철학은 자연적 존재와 사회적 존재를 포괄하는 우주 전체의 본질적 특징을 연구 대상으로 삼아야 한다.
인간중심철학의 기본 사명은 인간과 세계의 상호관계를 규명하고 인간의 운명 개척의 기본 방향을 천명하는 데 있다.

이러한 인간중심철학의 사명은 자연과학이나 사회과학

이 대신할 수 없다. 인간중심철학이나 기타 다른 개별 과학은 다 같이 인간의 운명 개척의 길을 밝혀주는 것을 목적으로 삼고 있다는 데서는 공통성을 가지고 있다 하겠다.

개별 과학이 특정한 분야와 관련하여 인간의 운명개척에 도움을 주는 진리를 가르쳐준다면 인간중심철학은 우주 전체와의 관계에서 인간의 운명 개척의 근본 방도를 밝혀준다.

인간의 운명 개척의 길을 밝히기 위해서는 세계의 본질적 특징이 무엇이고 인간의 본질적 특징이 무엇인가를 알아야 한다. 그래야만 인간과 세계와의 관계뿐만 아니라 세계에서 차지하는 인간의 지위와 역할도 밝힐 수 있다.

세계에서 차지하는 인간의 자주적 지위와 창조적 역할을 높여나가는 과정이 인간의 운명이 개척되어나가는 과정이다. 이것은 인간의 운명 개척의 길을 밝혀주는 인간중심의 철학적 원리는 세계의 일반적 특징과 인간의 본질적 특징을 밝혀주는 원리에 대한 인식을 전제로 하지 않으면 안 된다는 것을 의미한다.

그래서 인간중심철학은 세계의 일반적 특징을 밝혀주는 원리와 인간의 본질적 특징을 밝혀주는 원리를 인간을 중심으로 하는 철학적 원리의 구성 요소로 하고 있다.

그런데 인간을 중심으로 한다고 하면 주관주의라고 비판할 수도 있다. 이런 오해는 인간이 우주를 대표하여 우주의 발전을 이끌어나갈 수 있는 가장 발전된 존재라는 인간의 본질적 특징을 모르기 때문이다.

인간은 세계와의 관계에서 세계를 인간의 요구에 맞게 개조하여 세계를 끊임없이 사회적 존재로 전환시켜나간다. 그 뿐만 아니라 인간 자신을 세계를 대표하는 존재로, 더욱 세계적 존재로 개조해나간다. 세계는 인간의 발전을 중심으로 하여 인간의 주도적 역할에 의하여 인간과 더불어 함께 발전해나가고 있다.

끝없는 물질세계가 인간과 같은 자주적이며 창조적인

발전된 존재를 창조하였으며 세계의 혜택으로 탄생된 인간이 자기의 창조적 활동으로 세계발전을 이끌어나감으로써 세계 발전에 이바지하고 있다는 사실을 잊고서는 오늘날 발전해나가고 있는 세계의 본질을 이해할 수 없다.

변증법은 발전에 관한 이론이다. 이 말은 자연과 같이 발전 능력이 미약한 존재의 운동을 이해하는 데는 큰 의미가 없다. 그래서 자연변증법을 부정하는 사람들도 있다.

변증법은 가장 높은 수준의 발전 능력을 가진 인간이 자기 운명을 개척해나가는 창조적인 생존 운동에서 그 본질적 특징을 뚜렷이 찾아볼 수 있다.

그간 대립물의 통일의 법칙을 '모순의 법칙'이라고도 불렀다. 이것은 대립물의 통일이 마치 논리적 모순을 허용하는 것 같은 오해를 불러일으킬 수 있기 때문이었다.

그러나 대립물의 통일은 논리적 모순과는 직접적인 관계가 없다. 대립물의 통일의 가장 단순한 형태는 동일성과 차이성이 통일되어 함께 존재하는 형태다.

세상에는 똑같은 것이나 완전히 다르기만 한 존재는 없다. 모든 사물은 예외 없이 동일한 공통성의 면과 서로 구별되는 차이성의 면을 가지고 존재한다.

절대적으로 같은 물질, 절대적으로 차이성만 가진 사물은 존재하지 않는다. 이 말은 모든 사물은 같은 면을 가지고 있는 동시에 다른 면을 가지고 있다는 것을 의미한다.

이것은 모든 사물이 같으면서도 다르다고 표현한다면 논리적 모순이라고 할 수 있지만 모든 사물이 동일성과 차이성의 양면을 가지고 있다고 말하면 논리적 모순으로 볼 수 없다.

모든 사물은 다른 사물과 차이성과 동일성을 가지고 존재한다. 또한 모든 사물 자체도 차이성과 동일성을 다 같이 가지는 구성 요소들이 대립되어 있으면서 통일되어 존재한다.

이것은 아주 단순한 존재도 대립물의 통일 상태로 존재하고 이와 같은 단순한 존재들이 결합된 복잡한 존재도 또한 대립물이 통일 상태로 존재한다는 것을 의미한다.

그래서 대립물의 통일은 대립을 내포하는 통일이기 때문에 절대적인 통일이 아니라 상대적인 통일이다. 또한 대립은 통일을 허용하는 대립이기 때문에 절대적인 대립이 아니라 상대적인 대립이다.

그런데 마르크스주의 철학자들은 대립물의 통일 상태를 논리학적 모순의 개념으로 사용했다. 그래서 이렇게 모순의 보편성을 강조한 나머지 사람들의 일상생활에서 발생하는 이해관계의 불일치까지도 모순 개념으로 혼돈시키는 과오를 범했다. 논리적 모순과 이해관계의 모순의 개념 사이에는 직접적인 관계가 없다는 것은 명백하다.

형식논리학에서 앞뒤가 논리적으로 맞지 않는다는 것과 이해관계의 모순을 일치시키는 것은 터무니없는 궤변이다. 그러함에도 모순을 신비화하는 변증법의 주창자들은 모순이 없이는 투쟁이 있을 수 없고 투쟁이 없이는 발전이 있을 수 없다고 하면서 모순은 발전의 원천이고 투쟁은 발전의 동력이라고 주장했다. 그래서 계급적 이해관계의 모순은 사회 발전의 원천이고 계급투쟁은 사회 발전의 동력이라고 주장했다.

이렇게 마르크스주의자들은 대립물의 통일의 법칙을 계급투쟁, 무산계급의 유산계급에 대한 투쟁을 합리화하는데 원용했다. 모든 발전은 낡은 것을 극복하고 새것을 창조하는 어려운 사업인 만큼 강한 투지와 용감한 투쟁이 필요하다.

이런 점에서 투쟁을 발전을 담보하는 중요한 요인으로 강조하는 것은 정당하다고 볼 수 있다. 그러나 투쟁이 발전의 동력이라고 하면서 폭력적인 계급투쟁을 모든 사업에 앞세우며 폭력 혁명을 주장한 마르크스주의자들의 주장은 옳지 않다.

그것은 발전의 동력이 아니라 발전을 저해 하는 행위가

된다. 폭력 제일주의, 투쟁 제일주의는 망하는 길이다. 그러나 낡은 사회제도를 반대하는 투쟁, 낡은 특권 계급을 반대하는 투쟁은 필요하다.

대립물의 통일의 변증법이 가지는 중요한 실천적 의의는 크게 세 가지가 있다.

첫째, 세상에는 절대적인 것이란 있을 수 없기 때문에 어떤 경우에도 끝없는 발전을 위해서 노력해야 한다는 것이다. 세상에는 절대적인 것이 없기 때문에 절대적인 것을 믿어서는 안 된다. 그래서 우리 인간은 끝없이 발전할 수 있다는 신념을 가지고 끝없는 창조적 노력을 해야 한다.

절대적인 것이 없다는 것은 절대적으로 불가능한 것도 있을 수 없다는 것을 의미한다. 그래서 인간은 끝없는 창조적 노력을 통해서 끝없는 발전을 할 수 있기 때문에 절대적로 불가능하다고 생각되는 것도 급기야는 해결될 수 있다.

인간은 자기의 창조적 노력을 통하여 불가능한 것을 가능한 것으로 전환시킬 수 있는 창조적 자유를 가지고 있다. 그래서 굳은 신념과 필사적 각오를 가지고 노력하는 자는 기적을 창조하고 필승불패하는 법이다.

대립물의 통일의 변증법의 진수는 바로 인간의 창조적 노력이 인간의 끝없는 발전과 위대성을 보장하는 기본 요인이라는 진리를 밝혀주는 데 있다.

둘째, 대립과 통일을 다 같이 발전시켜나가야 한다는 것이다. 대립을 발전시켜나가기 위해서는 정의의 원칙을 구현하는 것이 필요하며 통일을 발전시키기 위해서는 사랑의 원칙(협조의 원칙)을 구현하는 것이 필요하다.

대립물의 통일인 사회를 발전시키기 위해서는 정의의 원칙과 사랑의 원칙을 다 같이 구현해나가는 것이 필요하다. 정의의 원칙을 구현하여 개인들의 각이(各異)한 특성을 살려서 경쟁을 유발시킴으로서 다양한 자주성과 창조성을 발양시킬 수 있다. 또한 사랑의 원칙을 구현하여야 사회의 통일과 협조 협력을 강화할 수 있다.

대립의 면과 통일의 면을 다 같이 발전시켜야 하지만 그래도 어느 면의 발전을 먼저 해야 하겠는가 하는 문제가 제기될 수 있다. 이 문제는 결국 구성 요소의 발전을 선행할 것인가, 결합 구조의 발전을 선행할 것인가 하는 문제다.

구성 요소의 발전을 선행하는 원칙에서 이에 상응하는 결합구조의 발전을 동시에 보장하는 것이 필요하다. 이것은 사회 발전에서는 정의의 원칙의 관철에 선차성을 두고 이에 상응하는 사랑의 원칙을 배합시켜나가야 한다는 것을 의미한다.

다시 말하면 대립과 통일을 다 같이 발전시키기 위해서는 구성 요소와 결합 구조를 균형적으로 발전시켜나가는 것이 중요하다. 자연 개조 사업과 인간 개조 사업을 통하여 사회의 구성 요소를 발전시킨 기초 위에 결합 구조인 사회관계를 개선해나가는 것이 필요하다.

인간은 자기의 창조적 노력을 통하여 불가능한 것을 가능한 것으로 전환시킬 수 있는 창조적 자유를 가지고 있다. 그래서 굳은 신념과 필사적 각오를 가지고 노력하는 자는 기적을 창조하고 필승불패하는 법이다.

대립물의 통일의 변증법의 진수는 바로 인간의 창조적 노력이 인간의 끝없는 발전과 위대성을 보장하는 기본 요인이라는 진리를 밝혀주는 데 있다.

둘째, 대립과 통일을 다 같이 발전시켜나가야 한다는 것이다. 대립을 발전시켜나가기 위해서는 정의의 원칙을 구현하는 것이 필요하며 통일을 발전시키기 위해서는 사랑의 원칙(협조의 원칙)을 구현하는 것이 필요하다.

대립물의 통일인 사회를 발전시키기 위해서는 정의의 원칙과 사랑의 원칙을 다 같이 구현해나가는 것이 필요하다. 정의의 원칙을 구현하여 개인들의 각이(各異)한 특성을 살려서 경쟁을 유발시킴으로서 다양한 자주성과 창조성을 발양시킬 수 있다. 또한 사랑의 원칙을 구현하여야 사회의 통일과 협조 협력을 강화할 수 있다.

대립의 면과 통일의 면을 다 같이 발전시켜야 하지만 그래도 어느 면의 발전을 먼저 해야 하겠는가 하는 문제가 제기될 수 있다. 이 문제는 결국 구성 요소의 발전을 선행할 것인가, 결합 구조의 발전을 선행할 것인가 하는 문제다.

구성 요소의 발전을 선행하는 원칙에서 이에 상응하는 결합구조의 발전을 동시에 보장하는 것이 필요하다. 이것은 사회 발전에서는 정의의 원칙의 관철에 선차성을 두고 이에 상응하는 사랑의 원칙을 배합시켜나가야 한다는 것을 의미한다.

다시 말하면 대립과 통일을 다 같이 발전시키기 위해서는 구성 요소와 결합 구조를 균형적으로 발전시켜나가는 것이 중요하다. 자연 개조 사업과 인간 개조 사업을 통하여 사회의 구성 요소를 발전시킨 기초 위에 결합 구조인 사회관계를 개선해나가는 것이 필요하다.

셋째, 투쟁과 협조를 배합해나가야 한다는 것이다. 모든 개인들은 다 자기 개성을 가지고 있다. 그래서 각 개인들은 자기들의 개성을 살리려고 하기 때문에 사람들 사이에는 충돌이 없을 수 없다.

또한 3대 개조 사업은 다 새것을 청조하는 사업이기 때문에 낡은 것을 극복하기 위한 투쟁이 없을 수 없다.

사랑도 투쟁이 없이는 얻을 수 없다. 사랑을 위한 투쟁은 생명을 결합시키기 위한 투쟁이다. 그래서 투쟁은 결합과 단결을 위해서도 필요하다. 따라서 투쟁을 배제하는 평화주의자들의 주장은 평화 자체도 수호할 수 없다. 정당한 투쟁과 정당한 경쟁은 영원히 필요하다.

그러나 투쟁이 마치 발전의 동력인 양 주장하는 마르크스주의자들의 투쟁 일변도의 태도도 잘못이다. 물론 정당한 투쟁은 반드시 필요하다.

원칙을 양보하지 않고 투쟁하여야 하지만 역지사지(易

地思之)의 입장에서 포섭하고 타협하는 포용의 정신도 필요하다. 그래야만 대립물의 통일 속에서 대립도 발전시키고 통일도 발전시킬 수 있다.

3) 연속성과 불연속성의 통일의 법칙 (부정의 부정의 법칙)

인간의 운명을 개척하기 위해서는 인간과 자연 간의 대립물의 통일을 강화하기 위해서 자연을 개조하고 인간과 사회관계를 개조하는 적극적인 창조적 활동을 진행하는 것이 중요할 뿐만 아니라 낡은 것과 새것을 교체하는 문제를 옳게 해결하는 것 또한 중요하다.

사물의 발전 과정은 새것을 창조하는 과정인 동시에 낡은 것을 새것으로 교체하는 과정이기 때문이다.

인간과 자연의 대립과 통일을 강화하는 사업은 현 시점에서 인간의 생존과 발전에 필요한 것을 새로 창조하는 사업이다.

인간의 운명 개척 과정은 유구한 과거로부터 현재에 이르기까지, 그리고 현재로부터 끝없는 미래로 이어지는 연속적 과정이다.

이것은 낡은 것을 새것으로 창조하는 과정인 동시에 낡은 것을 버리고 끊임없이 창조되는 새것으로 교체하는 과정이기도 하다. 그래서 낡은 것과 새것의 교체를 옳게 진행하는 것은 인간의 운명 개척에서 중요한 의의를 갖는다.

마르크스주의자들은 사물 발전의 역사적인 특징은 낡은 것을 부정하고 새것을 긍정함으로써 낡은 것으로부터 새것으로의 발전이 가능하다 하면서 이 법칙을 부정의 부정의 법칙이라고 했다.

모든 사물의 존재와 운동은 연속적인 동시에 불연속적이다. 모든 사물의 존재와 운동은 공간과 시간 속에서만 있을 수 있다. 그래서 시간과 공간은 운동하는 모든 존재의 기본 형식이다.

그런데 시간과 공간은 연속성과 불연속성의 통일로 되

어 있다. 세상 만물은 다 작은 단위로 쪼갤 수 있으며 그 작은 단위 하나하나가 다 독자성을 가지는 존재로서 분리되어 존재하지만 동시에 공통성을 가지고 공간적으로나 시간적으로 서로 연결되어 존재한다.

사회의 역사적인 발전 과정도 연속적인 동시에 불연속적인 것이 통일을 이루어 진행된다.

발전은 언제나 계승하는 면과 새로 발생하는 두 면을 가진다. 계승성이 없이는 발전에 필요한 요인이 양적으로 축적될 수 없기 때문에 비약적인 질적 변화가 있을 수 없다. 질적인 발전을 실현하기 위해서는 발전의 연속성이 중단되고 불연속적인 비약적 변화가 필요하다. 그래서 연속적인 양적 변화에 기초하여 불연속적인 비약적인 질적 변화가 일어난다.

물은 100℃가 되면 수증기로 변하고 0℃가 되면 언다. 또 온도가 10만℃ 이상이 되면 원자핵과 전자가 분리되어 플라스마 상태로 된다.

이와 같이 기존의 상태와는 현격히 다른 새로운 현상으로 변화되는 것을 비약적 변화라고 한다. 『사피엔스(Sapiens)』의 저자 유발 하라리는 이런 현상을 'Singularity(특이점 또는 변곡점)'라고 표현하면서 21세기는 인류 문명의 변곡점을 맞이하게 될 특이점에 와 있다고 주장하고 있다.

　마르크스주의자들은 이와 같은 변증법의 비약적 발전 현상을 무산계급 혁명의 당위성과 필연성을 설명하는 데 원용하고 있다. 무산계급에 의한 폭력혁명을 통해서 자본주의가 타도되고 사회주의, 공산주의 사회로 되는 것은 필연적 사회 발전 현상이라고 주장했다.

　역사적으로 계승된 전통과 문화에 대한 보수성이 지나치게 강하면 낡은 것을 새것으로 바꾸려는 새 세대의 진보적인 창조적 활동을 저해하여 역사발전에 부정적 영향을 줄 수 있다.

　이와는 달리 생존과 발전의 귀중한 밑천인 전통과 문화

의 귀중성을 무시하고 보다 더 발전된 새것만을 요구하는 혁신성만을 앞세우면 전 세대가 물려준 업적을 탕진할 뿐 새것을 창조하는 노력이 소홀해질 수 있다. 그러면 발전은 고사하고 역사의 퇴보만을 초래할 뿐이다.

그래서 인간 생명의 장엄한 역사적 흐름 속에서 자기 삶의 위치를 자각하고 영광스러운 삶의 길을 걷기 위해서는 역사의 계승성과 함께 혁신성에 대하여 올바른 인식을 가지는 것이 필요하다.

전 세대가 창조한 과거 역사를 무시하고 부정해서도 안 되지만 과거 역사를 무조건 숭배만 하고 따라서도 안 된다.

우리는 2,500여 년 전의 성현들의 업적을 높이 평가하여야 하지만 그들이 현대인들보다 더 현명했다고 생각하는 것은 옳지 않다. 지금 우리는 그들보다 2,500여 년이나 더 오랜 기간 인류가 축적한 지혜와 업적을 계승하여 살아가고 있기 때문이다.

그래서 복고주의와 과거 숭배만을 고집하는 것은 역사의 계승성을 거꾸로 이해하는 그릇된 태도다.

그러면 계승성과 혁신성을 통일시키는 기준은 무엇인가? 그것은 시대마다 그 시대가 갖고 있는 사회 발전의 요구이다.

다시 말하면 세계에서 차지하는 인간의 지위와 역할을 높이는 데 유리한가 불리한가를 기준으로 삼아야 한다. 오늘날 보수요, 진보요 하면서 갈라져서 싸우는 것은 무의미하다. 보수든 진보든 우리 국민의 자주적 지위와 창조적 역할을 높이는 데 이바지하는 것이 옳은 것이다.

따라서 역사 발전에서 계승성과 혁신성을 통일시켜나가기 위해서는 긍정과 부정을 통일시키기 위한 변증법의 원칙을 지키는 것이 중요하다.

마르크스주의 창시자들은 보리알이 썩어서 보리 줄기로 변하고 보리줄기가 성장하여 그것이 다시 부정되어 수십

배로 증가된 보리알로 되돌아오게 된다는 소박한 예를 들고 있다.

마르크스주의자들의 이 논리는 사물이 발전하기 위해서는 현존 상태가 부정되어 변화되는 과도기적 중간 단계를 거쳐서 그것이 다시 부정되어 보다 더 발전된 상태로 되돌아오는 과정을 거치게 된다는 논리다.

이 논리는 발전은 연속성과 불연속성이 교차되어 이루어 진다는 말이다. 즉 연속성은 불연속성을 거쳐서만 연속성으로 될 수 있고 불연속성은 연속성을 거쳐서만 불연속성으로 될 수 있다는 말이다.

헤겔은 변증법을 사유의 발전 형태로만 인식하고 마르크스는 변증법을 가장 보편적인 운동 발전의 형태로만 인식했다. 그들은 인간이 자기운명을 개척하기 위하여 진행하는 창조적 활동이 가장 높은 형태의 발전 운동이며 가장 높은 형태의 변증법이라는 생각은 하지 못했다.

인간중심철학은 변증법은 발전의 이론이며 발전의 법칙이라고 규명하고 있다.

4) 목적과 수단의 통일의 법칙

목적과 수단의 통일의 변증법은 인간중심철학에서 처음으로 설정한 변증법이다. 마르크스주의 철학이나 기타 그 전의 철학에는 없었다. 목적과 수단은 인간의 정신력에 의해서만 나올 수 있는 의지의 표현이고 의지의 목표고 수단이다.

인간의 모든 창조적 활동은 다 일정한 목적을 실현하기 위한 활동이다. 무슨 목적을 어떤 방법과 수단으로 실현할 것인가 하는 것을 옳게 규정하는 것이 창조적 활동의 성과를 좌우하는 기본 요인이 된다는 것은 의심할 바 없다.

인간의 모든 활동은 목적에 맞아야 값있는 것으로 될 수 있다. 우리 인간의 근본 목적은 세계의 주인, 자기 운명의 주인으로서 끝없이 생존하고 발전하는 것이다.

즉 세계에서 차지하는 인간의 자주적 지위와 창조적 역할을 끝없이 높여나가는 것이다. 우리 인간의 모든 인식 활동과 실천 활동은 종국적으로는 인간의 근본 목적에 부합될 때만 가치가 있다.

우리가 한 생애를 가치있게 살아나가기 위해서는 올바른 생의 목적을 세우고 그 목적을 실현하기 위하여 일관성 있게 전력을 다하고 노력하는 것이 필요하다. 그렇기 때문에 목적과 수단의 문제는 인생관의 기본 문제이기도 하다.

또한 우리는 무슨 일을 하기 위해서는 자기가 달성해야 할 목적을 확실히 세워야 한다. 이 목적은 현실성이 있고 자기의 근본 이익에 맞는 것이라야 한다. 이러한 목적을 성공적으로 실현하기 위해서는 그 목적에 맞는 수단과 방법을 찾아서 필사적인 노력을 해야 한다.

그런데 여기서 깊이 숙고해야 할 명제가 제기된다. 즉 수단과 방법은 목적에 맞아야 하지만 목적을 실현하기 위해서는 수단과 방법을 가리지 않아도 되는가? 목적은 수단을 신성화한다는 명제는 정당한가? 하는 것들이다. 당면한 작은 목적에는 맞아도 전망적인 큰 목적에는 맞지 않을 경우가 있을 수 있다.

마키아벨리는 군주의 지배권을 강화하는 것을 최고의 목적으로 삼았기 때문에 그것을 위해서는 백성들을 기만하고 탄압하는 것도 필요하다고 주장했다.

목적은 정당해야 하고 대의명분이 뚜렷해야 한다. 목적이 정당하지 못할 때는 사회적 집단의 지지를 받을 수 없으며 이 목적을 위하여 헌신 분투하려는 의욕을 가질 수 없다.

목적이 비인간적인 경우에는 양심의 가책을 받게 된다. 모든 사회적 운동에서 대의명분을 뚜렷이 세워야 하는 이유가 여기에 있다.

대의명분이 뚜렷하지 않으면 자긍심을 가질 수 없고 사회적으로 지지를 받을 수 없다. 그래서 대의명분에 맞지 않는 비민주주의적인 방법과 수단에 매달리면 일시적으로는 이익을 얻을 수 있지만 종국적으로는 손해를 보게 된다.

자연은 의식이 없다. 의식이 없는 자연의 운동은 목적의식이 없는 맹목적 운동이다. 이러한 자연의 맹목적인 운동에 종속되지 않고 자기 운명을 자기가 보장할 수 있는 유일한 자주적 존재가 인간이다.

인간은 온갖 예속과 구속에서 벗어나 자주적으로 살려는 욕망과 그것을 실현할 수 있는 창조적 운동 능력을 가지고 있다. 자주적인 삶의 욕망을 자주성이라고 하며 창조적인 운동 능력을 창조성이라고 한다.

자주성과 창조성은 인간만이 가지고 있는 고유한 생명의 본질적 특징이다. 자주성을 실현하는 것이 인간의 삶의 목적이며 창조성이 인간의 삶의 수단이다. 목적과 수단의 관계는 인간의 자주성과 창조성의 관계에서 가장 높은 형태로 가장 뚜렷하게 나타난다.

목적과 수단은 일치되어야 한다. 목적을 옳게 세우는 것과 그 목적에 맞을 뿐만 아니라 합리적인 수단을 사용하는 것은 아주 중요하다. 옳은 목적이라고 해도 수단과 방법을 옳게 사용하지 않으면 목적 자체의 명분을 훼손시킬 뿐이다.

그런데 옳은 목적을 세우고는 그 옳다고 하는 자궁심만을 가지고 비민주적이고 비양심적으로 수단 방법을 가리지 않는 경우가 너무도 많다.

모든 존재의 근본 속성은 자기존재를 보존하려는 성질이다. 이러한 자기보존성은 모든 운동의 원인인 동시에 목적이다.

운동은 힘의 작용을 떠나서는 생각할 수 없다. 그러나 물질적 힘 자체는 목적을 가질 수도 없고 방향을 가질 수도 없다. 자기 보존성이 있어야만 물질적 힘은 방향을 가지고 운동을 한다. 그래서 자기 보존성이 운동의 원인이다.

사회적 생명체인 인간에 이르러 존재의 자기 보존성은 자주적으로 살려는 삶의 요구로 되었다. 이러한 자주적 삶의 요구를 실현하려는 힘은 창조적인 삶의 힘으로 전환된다.

자주적인 삶의 요구와 창조적인 삶의 힘은 정신과 결부되어서만 작용할 수 있다. 그래서 정신은 인간의 살려는 욕망에서 나오는 지휘 기능을 창조적으로 강화할 필요성으로부터 발생했다. 정신의 뿌리는 삶의 요구이며 삶의 요구의 뿌리는 모든 존재가 가지고 있는 자기 보존성이다.

삶의 목적을 옳게 세우기 위해서는 세계의 본질과 자기 자신의 본질을 알아야 한다. 세계에서 차지하는 인간의 지위와 역할을 알아야 한다. 그래야만 세계의 주인, 자기 운명의 주인으로서의 삶의 목적을 옳게 세울 수 있다.

세계의 주인, 자기 운명의 주인으로서의 삶의 목적을 세우고 그것을 실현하기 위하여 강한 의지를 가지고 용감하고 인내성 있게 투쟁 노력할 수 있는 사람이 자주적 사람이며 자주적 집단(국가사회)이다.

　인간의 자주성, 즉 자기 보존성을 옹호하려는 것은 인간의 본성적 요구를 옹호하는 근본 입장이다. 이것은 인간의 생존권과 집단의 생존권을 옹호하는 민주주의적 입장과 일치된다. 세계의 주인, 자기 운명의 주인으로서 끝없이 생존하고 발전하려는 것이 인류의 자기 보존성이고 목적이다.

　목적과 수단의 변증법은 인간의 운명 개척을 위한 자주성과 창조성을 구현하는 변증법이다.

　목적과 목표를 세운 다음에는 그 목적과 목표를 실현해야겠다는 조급성만을 가지고 소소한 전략 전술에만 매달려서는 안 된다. 장대하고 대의명분이 뚜렷한 전략 전술을 세워서 인내성 있게 실천해나가야 한다.

　여기서 교육을 강화하는 사업을 선행시키는 것이 중요하다. 인간의 운명 개척을 위해서는 정신적 생명력, 물질적 생명력, 사회 협조적 생명력을 강화해야 한다.

이 중에서 제일 앞세워야 할 것은 정신적 생명력을 강화하는 것이다. 인간의 정신적 생명력을 강화하려면 교육 사업을 모든 사업에 앞세워야 한다.

목적과 수단의 변증법에서 중요시해야 할 점은 무엇인가?

첫째, 목적을 똑똑히 세워야 한다는 것이다. 목적을 세우는 것이 목적을 실현하는 수단보다 더 중요하다. 유물론자들은 목적은 관념적이기 때문에 목적을 세우는 것이 더 중요하다는 것을 모른다. 그래서 목적을 잘 세우는 사람이 수단을 잘 쓰는 사람보다 훨씬 더 현명한 사람이다.

우리가 어떤 방향으로 발전하기 위해서는 이러이러한 목적을 세워야겠다고 하는 것이 수단을 잘 쓰는 사람보다 더 현명하다.

위대한 스승들은 목적을 옳게 세운 사람들이다. 종교에

서 위대한 지도자들은 다 그 목적을 옳게 세웠다. 종교 지도자들은 위대한 교리를 만들었다. 하느님이 아니고서는 생각할 수 없을 정도의 교리를 만들었다.

그런데 오늘날 우리나라 정치가들은 목적을 똑똑히 세우는 것을 중요시 하지 않고 어떻게 하면 표를 하나라도 더 얻을 수 있을까 하는 얄팍한 잔꾀들만 부리고 있다.

목적을 옳게 세우기 위해서는 이념을 바로 세워야 한다. 우리가 어느 방향으로 나가야 하고 그렇게 나가기 위해서는 어떤 수단과 방법을 써야 하느냐 하는 것을 밝히는 깃이 이념이다.

둘째, 목적에 가장 잘 맞는 수단과 방법을 잘 세우는 것이다.
아무리 좋은 목적을 세웠어도 그 목적을 성공적으로 실현할 수 없으면 아무 소용이 없다. 목적은 그 목적이 가지는 가치를 실현했을 때 목적으로서의 의미가 있다. 실현되지 않는 목적은 무용지물이다.

셋째, 목적과 수단을 통일시키는 일이다. 목적에 맞는 수단, 수단에 맞는 목적을 계속 통일시켜나가야 한다.

공허하고 실천 불가능한 목적은 아무 소용이 없다. 어떤 수단 방법을 다 동원하더라도 그 목적을 실현할 수 없으면 목적으로서의 가치가 없다. 적절한 수단과 방법을 동원해서 실현할 수 있는 목적이라야 목적으로서의 가치가 있다. 그래서 목적과 수단을 통일 시키는 일은 아주 중요하다.

5) 주체와 객체의 통일의 법칙

인간중심철학이란 인간의 운명 개척의 길을 밝혀주는 것을 철학의 사명으로 하는 철학이다.

그러면 여기서 인간의 운명은 누가 개척해야 하는가? 인간 자신이 해야 한다. 인간이 주체가 되어서 해야 한다. 인간 자신이 주체가 되어서 자주성과 창조성을 가지고 주도적으로 인간의 운명개척의 대상을 인간의 이익에 맞게 개척해나가야 한다.

주체인 인간의 운명개척의 대상, 즉 객체를 인간의 이익에 맞게 개척해나가야 한다. 그래서 인간중심철학에서는 주체와 객체의 변증법이 제기된다.

그렇기 때문에 주체와 객체의 통일의 변증법도 목적과 수단의 변증법과 함께 인간중심철학에서 처음으로 제기된 변증법이다. 그전에는 없던 변증법이다. 헤겔 철학이나 마르크스주의 철학에는 없는 변증법이다.

인간이라는 주체가 살려는 욕망인 목적을 실현하기 위해서 구체적이고 전략적으로 실현하는 수단을 동원해서 주체인 인간의 이익에 맞도록 객체를 변화시키는 변증법이다. 그래서 주체와 객체의 통일의 변증법은 인간의 운명개척에서 가장 중요한 변증법이라고 볼 수 있다.

자주적으로 창조적으로 자기 운명을 개척해나가는 사회적 존재인 인간이 출현함으로써 세계는 사회적 존재와 자연적 존재로 상대적으로 분리되어 대립하게 되었다. 그래서 인간과 자연의 대립과 통일을 인간의 주도적 역할에 의

하여 발전시켜 나가는 것이 인간의 운명 개척과 우주 발전의 기본문제로 제기되었다.

인간은 자연을 인간의 요구에 맞게 개조하여 자연의 힘을 인간의 힘으로 전환시킴으로써 생존하고 발전할 수 있으며 세계에서 차지하는 인간의 자주적 지위와 창조적 역할을 높여 나갈 수 있다.

자연을 인간의 요구에 맞게 개조하여 그것을 사회적 존재의 구성 부분으로 전환시켜 세계에서 차지하는 인간의 자주적 지위와 창조적 역할을 높인다는 것은 인간과 자연의 통일을 강화한다는 것을 의미한다.

다른 한편 인간의 자주성과 창조성이 강화되고 세계에서 차지하는 인간의 자주적 지위와 창조적 역할이 높아진다는 것은 인간과 자연의 발전 격차가 더욱 커지게 되며 인간과 자연의 대립이 더 커진다는 것을 의미한다.

또한 자연에 비해 인간의 우월성이 더욱 커진다는 것은

자연을 인간의 요구에 맞게 개조하여 인간과 자연의 통일을 강화할 수 있는 가능성이 더 커진다는 것을 의미한다.

인간과 자연의 통일을 강화하는 동시에 인간과 자연의 발전 격차를 더욱 강화하여 양자 간의 대립성을 높여나가는 것은 인간의 운명개척의 합법칙적 과정인 동시에 세계가 인간중심으로 변화 발전해나가는 기본 원리이기도 하다.

그래서 인간은 자기 운명을 자주적으로, 창조적으로 개척해나갈 뿐만 아니라 세계(우주만물) 발전을 대표하는 가장 발전된 존재로서 세계(우주 만물)의 발전에 대해서도 책임져야 할 의무를 지니고 있다.

이런 점에서 인간은 자기 운명 개척의 주체일 뿐만 아니라 세계(우주 만물) 발전의 주체이기도 하다. 인간의 운명과 세계 만물의 운명에 가장 중요한 의의를 가진다는 것은 바로 주체와 객체의 변증법이 모든 변증법적 관계의 핵심 지위를 차지하게 된다는 것을 말한다.

주체를 강화하기 위해서는 인간의 기본적 생명력인 정신적 생명력과 물질적 생명력, 사회적 협조의 생명력을 강화하여야 한다. 그러기 위해서는 인간 개조 사업, 자연 개조 사업, 사회관계 개조 사업 등 3대 개조사업을 강화하는 것이 필요하다.

그러면 주체의 생명력을 강화하는 목적은 무엇인가?
주체인 인간의 자기 보존력을 더 강화하는 것이며 인간의 자주적 지위를 높이기 위한 창조적 역할을 더욱 강화하는 것이다. 이것을 세계에서 차지하는 인간의 자주적 지위와 창조적 역할을 높이는 것이라고 한다.

인간의 삶의 요구의 실현과 인간의 생명력을 강화하기 위해서는 인간의 자주적 지위와 창조적 역할을 높여나가야 한다. 인간의 삶의 요구가 실현되고 생명력이 강화되면 인간은 기쁨과 행복을 누릴 수 있다.
그래서 세계에서 차지하는 인간의 자주적 지위와 창조적 역할을 높인다는 것은 곧 인간의 행복의 수준을 높인다는 것을 의미한다.

다시 강조해서 말하면 인간중심철학의 가장 일반적 법칙은 자연 개조사업, 인간 개조 사업, 사회관계 개조 사업을 통하여 인간의 정신적 생명력, 물질적 생명력, 사회적 협조의 생명력을 강화하는 것이다.

그렇게 함으로써 세계에서 차지하는 인간의 자주적 지위와 창조적 역할의 발전 수준이 높아지며 그에 따라서 인간의 행복 수준이 높아진다.

인간의 살려는 욕망은 끝이 없다. 그래서 고정 불변한 절대적인 행복한 삶이란 있을 수 없다. 우리 인간은 보다 높은 수준의 새로운 행복을 쟁취하기 위하여 자연 개조 사업, 인간 개조 사업, 사회관계 개조 사업을 끝없이 진행함으로써 세계에서 차지하는 자주적 지위와 창조적 역할의 수준을 계속 높여나가야 한다. 이렇게 함으로서 인간의 행복 수준도 끝없이 높아지게 된다.

세계에서 차지하는 인간의 자주적 지위와 창조적 역할을 끝없이 높여 나간다는 것은 인간과 자연, 즉 주체와 객체의 통일을 끝없이 확대하고 강화해 나가는 것을 의미한다. 모든 존재는 다 자기를 보존하려는 속성을 가지고 있으며 자기를 보존하기 위한 운동을 한다. 이것은 모든 존재가 자기의 발전 수준에 상응한 자기를 위한 운동을 한다는 것을 의미한다.

주체와 객체의 통일의 법칙은 인간 사회를 발전시켜나가는 데도 아주 중요한 법칙이 된다.

보다 더 발전된 편(진보)이 주체가 되고 뒤떨어진 편(보수)이 객체로 된다. 발전된 편은 사회의 발전을 지향하여 낡은 것을 새것으로 개변시키려고 주동적으로 활동하려 하고 뒤떨어진 편은 뒤떨어진 상태를 보존하려는 데 이해관계를 가지고 발전을 반대하고 낡은 것을 계속 유지하려 한다. 이런 현상을 진보와 보수로 표현할 수 있다.

이렇게 새것(진보)은 처음에는 아주 적은 부분에서 주도권을 장악하고 주동적으로 새것의 승리를 위한 투쟁을 벌이게 된다.

이런 부분적인 승리가 축적되어 마침내는 전체적으로도 승리하게 되어 사회적 운동 전체를 주도하는 주체가 된다. 이렇게 사회는 발전해나간다.

자연과의 관계에서도 마찬가지이다. 자연은 인간에 비하여 아주 뒤떨어져 있지만 아직 인간은 우주 운동에서 주체는 못 된다. 그러나 부분적으로는 자연과 인간의 상호관계에서 인간이 주도권을 장악하고 주체의 역할을 한다.

지구의 범위에서는 자연과의 상호작용에서 인간이 주체이고 자연이 객체라고 말할 수 있다. 인간의 발전 수준이 높아질수록 자연에 대한 인간의 주도적 지위는 계속 확대될 것이고 마침내 우주운동에서도 인간이 주도권을 장악할 날이 오게 될 것이다.

인간의 운명 개척에서 무엇보다 중요한 것은 운동을 일으키는 주체의 자주성을 확고히 옹호하는 입장을 견지하고 그것을 관철하기 위하여 과감하게 창조적 활동을 하는 것이다.

자주성은 인간의 자기 보존성의 집중적 표현이다. 그래서 주체가 객체와의 대결에서 주도권을 장악하고 승리할 수 있는 결정적 요인은 자주성이 강한 데 있다. 자주성은 자주적 사상의 표현이다. 자주적인 사상이 강한 편이 주도권을 잡고 승리할 수 있다.

세계의 주인, 자기 운명의 주인으로서의 주체는 개인이 아니라 집단이다. 우리는 개인적 존재로서의 자주성을 옹호하는 것도 중요하지만 집단적 존재로서의 인간의 자주성을 옹호하는 것은 더 중요하다.

집단적 존재로서의 인간의 자주성을 강화하려면 통일적인 사상으로 단결해야 한다. 통일적인 사상으로 단결되지 못한 집단은 자기의 정신을 못 가진 집단이다. 그래서 공고한 자기 정신을 못 가진 집단은 아무리 잠재적 힘이 강해도 단결된 적의 공격을 막아낼 수 없다.

집단주의적 독재 체제와의 대결에서 자유민주주의 체제의 승리를 보장하기 위해서는 자유방임주의자들의 그릇된 민주주의 주장을 배격하고 사회적 집단의 민주주의적 사상 통일을 보장하는 문제를 해결하는 것이 급선무다.

주체와 객체의 대결에서 주체의 승리를 담보하기 위해서는 주체를 강화하고 주체의 역할을 높이는 것보다 더 중요한 것은 없다.

그래서 우리는 어떤일을 하든지 주체를 강화하고 주체의 역할을 높이는 문제부터 생각해야 한다. 주체를 강화하고 주체의 역할을 높이는 것이 승리를 담보하는 가장 믿음직한 전략적 원칙이다.

그러면 주체를 강화하고 주체의 역할을 높이는 방법은 무엇인가?

인간 개조 사업을 통하여 사람들의 자주적인 사상과 창조적 능력의 수준을 높이고 사회관계 개조 사업을 통하여 집단의 사상적 통일과 협조 협력 수준을 높여야 하며, 자연 개조 사업을 통하여 주체가 이용할 수 있는 사회적 재부를 증대시키는 것이 중요하다. 이것이 주체를 강화하는 일반적 방법이다.

그러나 주체의 역할을 높이기 위해서 무엇보다 중요한 것은 집단의 사상적 통일을 강화하여 정치적 지휘 기능을 높이는 것이 중요하다. 주체를 강화하고 주체의 역할을 높이는 동시에 객체를 중요시하고 객관적 조건과 실정에 맞게 활동하는 것이 중요하다.

객관 대상을 무시하고 주관적 욕망에 매달리는 주관주의는 실패의 요인이다.
그러므로 첫째는 주체를 강화해야 하지만 그와 동시에 반드시 객체를 중시하고 객체를 과학적으로 연구하여 객관적 대상과 실정에 맞는 전략 전술을 세우도록 해야 한다.

변증법은 사유의 법칙에 대하여 연구하는 논리학이 아니라 인간의 운명 개척에서 지켜야 할 원칙과 방법을 밝히는 철학 이론이다.
그렇기 때문에 변증법은 인간의 운명 개척에서 아주 중

요한 전략 전술이다. 인간중심철학에서 변증법을 생활의 전략 전술로 취급하는 이유가 여기에 있다(황장엽, 2007,『변증법과 변증법적 전략전술』).

여기서 황장엽 선생의 강의 「변증법 서론」을 들어보자.

「변증법 서론」

(2008. 8. 27 강의)

변증법의 시작은 대화법이었습니다. 대화하는 방법으로 시작되었습니다. 처음 나온 것은 소크라테스 때였습니다. 소크라테스가 대화하는 데서 상대방이 주장하는 것을, 그렇다고 하자, 네가 주장하는 것이 옳다고 인정하자, 그러면 왜 이것과 맞지 않는가? 이렇게 해서 스스로 자기가 주장한 것을 부정하지 않으면 안되게끔 만드는 것이었습니다. 이런 방법으로 소크라테스는 자기 상대방과 대화를 했습니다. 상대방이 주장하면 처음에는 그것을 반대하는 것이 아니고 그렇다고 하자, 그렇다고 해놓고 그러면 왜 이렇게 되는가? 그래서 자기 자신이 처음에 주장한 것을 부정하지 않으면 안되게끔 만들었습니다. 그러니까 대화를 통해서 모순되는 것을 가르쳐 주어서 자기 자신이 처음에 주장했던 것을 부정하지 않으면 안되게끔 만드는 대화 방법을 만들었습니다. 이런 대화 방법으로부터 동양에서 변증하는 법이라고 해서 변증법으로 번역했습니다. Dialectic 대화라는 뜻이거든요.

이런 방법이 계속 되다가 헤겔에 와서 즉 독일 고전 철학에 와서 칸트로부터 시작되어 이 문제가 크게 논의되었지만 헤겔에 와서는 사물의 발전의 논리로 되었습니다.

헤겔은 객관적인 사물이 있기 전에 정신이 있었다고 보고 정신이 발전하는 논리를 변증법으로 봤습니다. 말하자면 여기서는 변증법은 논리라는 의미입니다. 그래서 헤겔은 변증법을 논리학이라고 했습니다.

헤겔은 자기가 새로운 논리를 발견했다. 이것이 변증법이라고 했습니다. 그러면 낡은 논리는 무엇인가? 그것은 아리스토텔레스가 개발하고 체계화한 논리를 말합니다. 보통 형식논리학이라고 합니다. 그래서 헤겔은 이것과 다르다고 했습니다.

아리스토텔레스는 혼자서 논리학을 완성했습니다. 그 다음에 영국의 베이컨이 아리스토텔레스의 논리학에 즉 연역법에 귀납법을 첨부했습니다. 연역법은 아리스토텔레스가 개발한 3단 논법입니다. 고전적 논법입니다. 모든 사람은 다 죽는다. 소크라테스도 사람이다. 따라서 소크라테스도 죽는다. 이와 같이 대전제- 소전제- 결론 식의 논법입니다. 이것이 종래의 논리학인 형식 논리학입니다.

거기에 대해서 헤겔은 正反合의 논리를 주장했습니다. 처음에 긍정적인 명제가 있고 그 다음에 그에 반대되는 명제가 있고 그 다음에 그 둘을 통일시키는, 합치는 명제가 있다는 正反合으로 나간다고 했습니다. 모든 것은 正反合의 순서로 논리가 진행된다는 것입니다. 정신이 발전해 나가는 논리가, 순서가 그렇게 된다는 것입니다. 正이 反이 되고 정과 반이 서로 전환되다가 그것이 合즉 통합된다는 것입니다.

아리스토텔레스가 말하는 논리학은 같은 것은 같고 차이성은 차이가 있다. 같은 것과 차이 있는 것을 혼돈해서는 안된다. 이것이 기본 원리입니다. 동일한 것은 동일하다. 차이성은 차이성이다. 동일한 것과 차이성을 혼동해서는 안된다는 것입니다. A도 아니고 A 아닌 것도 아닌 그 중간적인 존재는 있을 수 없다는 것을 배중률이라고 합니다. 중간의 것은 허용하지 않는다는 것입니다.

다시 한 번 천천히 생각해 보십시오. ① A는 A다. ② A는 비A 즉 A 아닌 것이 아니다. ③ A도 아니고 A아닌 것에도 속하지 않는 제3의 것은 있을 수 없다. 즉 세계는 물질이다. 물질 아닌 것도 있다. 비물질적인 것도 있다. 그런데 물질도 아니고 물질이 아닌 것도 아닌 제3의 것은 있을 수 없다. 이것이 배중률입니다. 중간은 있을 수 없다는 배중률입니다.

물질이 있다. 세계는 물질과 물질 아닌 것이 있다. 그리고 물질에도 속하지 않고 물질 아닌 것에도 속하지 않는 것이 있다는 것은 허용할 수 없다는 것입니다. 이것이 배중률입니다.

세계는 인간과 인간 아닌 것이 있다. 그리고 인간에게도 속하지 않고 인간 아닌 것에도 속하지 않는 것이 있다는 것은 허용해서는 안된다는 것입니다. 이것은 사실은 모순을 배제하는 것입니다.

이것은 뻔한 것 같지요. 세계는 인간이외에도 무엇이 존재한다. 인간 이외에 존재하는 것은 인간이 아니다. 인간과 인간 아닌 것이 있다. 그렇게 해놓고 인간에게도 속하지 않고 인간 아닌 것에도 속하지 않는 제3의 것이 있다는 것은 허용할 수 없다. 이와 같이 중간의 논리는 배제해야겠다. 중간을 인정해서는 안되겠다는 것이 아리스토텔레스의 논리학입니다.

그런데 헤겔은 어떻게 생각했는가? 정과반이 있을 수 있을 뿐만 아니라 정과 반을 합한 것이 있을 수 있다. A도 아니고 A아닌 것도 아니고, A와 A아닌 것이 합해진 것이 있을 수 있다. 正에도 속하지 않고, 反에도 속하지 않고, 제3이 있을 수 있다. 정과 반을 합한 것이 있을 수 있다. 정과 반이 대립되어 그 다음에 합해진다는 것이 정신세계 뿐만 아니라 모든 것에 적용된다는 논리라고 했습니다.

그런데 헤겔은 물질이 존재한다는 것을 인정하지 않았습니다. 물질 즉 자연이 존재하기 전에 정신이 존재했다고 했습니다. 정신은 양적으로 규정할 수 없기 때문에 몇 g짜리 정신, 몇 ㎝짜리의 정신이라고 말할 수 없다고 했습니다. 그래서 양적인 규정성이 없습니다. 여기서 질량의 법칙이라고 할 때는 양을 먼저 내놓는 것이 아니라 질만 가지고 있습니다.

헤겔의 변증법이 처음에 A가 있다. 또 비A가 있다. 정이 있고 반이 있다. 그것들이 상호 작용하면서 제3의 합을 만들어 낸다. 그래서 정과 반이 합해지고 또 그것의 합이 반을 낳게 되고 그것이 또 합을 만들어 내서 모든 것이 발전한다고 했습니다.

추상적이지만 한 가지 예를 들면 맨 처음에 헤겔이 이야기한 것은 이러합니다.

이것은 과자다. 이것은 토마토다. 하는 것과 같이 구체적인 것이 아니라 그저 존재한다. 그냥 있다는 것입니다. 이것으로부터 시작 했습니다. 그저 있다. 순유 즉 이것이란 어떤 규정성을 가지지 않는 순수한 有로부터 시작한다는 것입니다. 순수한 有는 구체적으로 어디에 있는가? 있는 것은 다 구체적으로 규정성이 있지 순수한 有는 어디에 있는가? 헤겔은 순유는 無와 같다고 했습니다. 그런데 有와 無는 완전히 반대되는 것아닙니까? 순수한 有로부터 시작해서 순수한 有는 그 정반대인 순수한 無와 같다. 순有가 있으면 순無도 있다. 즉 있다는 것을 생각하면 없다는 것을 생각하게 된다는 것입니다.

그 다음에 순수한 有가 있을 수 있는가? 순수한 有는 無와 같다. 이것이 추상적인 것이기 때문에 이해하기가 힘들 수 있습니다. 순수한 유로부터 생각하다가 유가 있다면 그 반대인 무에 대해서도 생각하게 됩니다. 유를 생각하다가 무를 생각하게 됩니다. 있다는 것을 생각하다가 정반대인 없다는 것을 생각하게 됩니다. 그런데 순수한 유라는 것은 없는 것이나 같다. 순수한 유와 무와는 같은 것이다. 순유에 대해서 생각하던 것이 무에 대해서 생각하게 되고 무에 대해서 생각하게 되니까 無와 有가 같다. 유가 무로 넘어가고 무가 유로 넘어가는 것은 결국은 사물이 발생하고 소멸하는 과정이다. 그래서 여기서 生成이라는 새로운 개념이 나오게 된다고 했습니다.

이래서 정신이 이렇게 발전했다. 처음에 정신이 유(有)에 대해서 생각하게 되니까 무(無)로 넘어가고, 유와 무가 같다는 것으로부터 호상 전환된다고 해서 호상 전환된다는 것은 결국은 生成한다는 것이다. 소멸(消滅)되고 탄생(誕生)되는 관계다. 그래서 유와 무, 그 다음에 그것을 종합한 생성의 개념이 나오게 된다. 이렇게 정신이 발전된다는 것입니다.

여기서 헤겔이 잘못된 것이 있는데 헤겔이 말하고자 하는 것은 아리스토텔레스와 같이 A는 A다. A는 비A와 다르다. A도 아니고 A아닌 것도 아닌 제3의 것은 있을 수 없다는 것이 틀렸다는 것입니다.

유와 무가 대립되어있는데 이것이 움직이는 과정에 有도 아니고 無도 아닌 제3의 것을 만들어낸다는 것입니다. 이것은 추상적이기 때문에 잊어버리는데 이것만 똑똑히 알면 됩니다.

아리스토텔레스는 A다. 비A다. 같은 것은 같고 다른 것은 다르다고 나누는 것이 분석이고 이것을 종합해서 결합시키면 종합이라고 설명했습니다.

그런데 A도 아니고 비A도 아닌 제3의 것은 있을 수 없다는 것에 대해서 헤겔은 A와 비A가 호상 작용해서 제3의 것을 만들어낸다. 이것이 슴이다. 그런 측면으로 보면 그것도 옳지요. 正이 있고 反이 있고 이것이 호상 작용하는 가운데 새로운 것이 나왔다. 이렇게 설명하면 그것이 맞는데 이 양반이 그렇게 설명을 안했어요.

이것은 내가 지금 좋게 생각해서 그렇게 얘기해 주는 것이고 이 사람은 설명하기를 有다. 純有다. 이런 것은 있을 수 없다. 그렇기 때문에 그것은 純無와 같다. 그런데 순유를 생각했는데 무로 넘어갔다. 또 무하고 유는 같다고 하니까 무를 생각하니까 또 유가 나왔다. 이렇게 상호 왔다 갔다 하는 과정이 이것이 무엇인가? 유와 무, 서로 다른 것이 서로 호상 전환된다는 이 운동을 통해서 유도 아니고 무도 아닌 그런 것을 생각하게 된다. 이것이 슴이다. 이와 같이 유의 개념과 무의 개념을 다 포괄하고 있는 개념은 결국은 生成이란 개념이다 라고 설명했어요.

여기서 이 설명 방법 자체가 잘못된 것은 有하고 無하고 같을 수가 없다는 것입니다. 비록 이것이 과자다. 토마토다. 이런 규정은 없어도 有는 어디까지나 있다는 것으로서, 모든 물질이 다 있다는 것으로 되고, 無라는 것은 아무데도 없다는 것인데 왜 이것이 같다는 것인가 하는 것입니다. 그런데 헤겔은 구체적인 것을 가지고 말하는 것이 아니라 사람이 생각하는 것만 가지고 얘기를 하는 것입니다.

유를 생각하니까 무를 생각하게 되고, 무를 생각하니까 그것이 또 유와 똑같다. 이렇게 유를 생각하니 없는 것으로 넘어가고, 없던 것이 또 있는 것으로 넘어가고, 이것이 결국은 生成이다. 새로운 것이 낳는 것이다. 이렇게 설명하고 있습니다.

그런데 왜 有와 無가 같겠는가? 그 자체가 벌써 그 논리를 부인하는 것입니다. 우리는 유와 무는 절대로 같다고 생각하지 않습니다. 그런데 헤겔은 그것을 생각한 것 같아요. 이 논리는 그것입니다.

종래의 논리학과 변증법적 논리학의 차이는 어디에 있는가?

하나는 불변한 상태에서 보는 것입니다. 즉 아리스토텔레스는 불변한 상태에서 볼 때는 이것이 다르다. 이 둘이 다르다. 절대적으로 다르다. 지금 불변한 상태에서는 개인 관계에서도 사람이 각각 다르다. 불변한 상태에서 볼 때는 공통성과 차이성이 절대적이거든요. 그런데 변화되는 관계로 볼 때는 다른 것으로 변화되니까, 좋은 사람이라고 할 때 하나는 강도고 하나는 강도당한 사람이다. 그 시점에서, 불변한 상태에서 볼 때는 강도는 나쁜 놈, 강도당한 사람은 좋은 사람, 이것은 절대적입니다.

그러나 변화되는 과정으로 보면 어떻게 되는가? 강도가 좋은 사람으로 될 수 있다.

또 강도 당한 사람이 나쁜 강도로 될 수 있다. 그렇기 때문에 변화되는, 운동하는 상태에서는 상대적이라는 것입니다.

이것은 지금 내가 변증법을 절대적으로 신비화할 필요가 없다는 것을 인식시키려고 하는 것입니다. 기차가 지금 정거장에 멈춰있다. 지금 움직이지 않는다. 그런데 기차가 정지 상태인데 기차가 움직인다고 하면 미친놈이지요. 또 기차가 지금 달리고 있는데 기차가 정지해 있다고 하면 미친놈이지요. 그러니까 현 시점에서 볼 때는 운동하는 것과 정지하는 것은 절대적으로 인정해야 됩니다.

그런데 운동한다는 견지에서 볼 때는 고정 불변한 것이 아니라 빨리 운동하는 것과 아주 느리게 운동하는 것의 차이이고, 따라서 상대적이라는 것입니다.

기차가 지금 달리고 있다. 운동하고 있다. 지금 기차가 멈춰있다. 정지 상태에 있다고 할 때 움직이지 않는 상태에서는 절대적으로 옳지만 그러나 운동하는 측면에서 보면 기차가 운동하는 것과 비행기가 운동하는 것을 대비하면 비행기는 같이 운동하는 것 같이 보이지만 열배나 더 빨리 운동을 하거든요. 이런 식으로 생각하면 정지 상태에 있다고 하는 것은 사실은 적게, 아주 극히 적게, 운동하는 상태입니다. 빨리 운동하는 것은 운동을 더 많이 하는 상태다라고 볼 수 있고요.

이것을 정지 상태에서 보면 어떻게 되겠는가? 정지를 오래하고 있는 것이, 정지를 더 많이 하고 있는 것이 정지 상태이고, 정지를 적게 하면서 짧은 정지 상태에 있는 것이 운동입니다.

그래서 飛矢不動設이라는 것이 나왔어요. 화살이 날아가는 것 같이 보이지만 매개점을 생각하면 그때는 정지다. 그러니까 정지된 것을 아무리 많이 긁어모아도 그것은 운동이 아니다. 정지 상태다. 총알이 날아가고 화살이 날아가도, 움직이는 것 같이 보이지만 사실은 정지 상태라는 것입니다.

즉 정지 상태에서도 설명할 수 있고, 운동 상태에서도 설명이 가능합니다. 이것은 무엇을 말하는가? 정지와 운동이 대립되면서도 하나로 통일되어 있다는 것입니다.

어떤 그리스 철학자, 헤라쿠라토스라는 철학자는 한번 건너간 강은 다시 건널 수 없다고 했습니다. 왜냐하면 한번 건넌 강은 물이 내려가서 그때 그 강이 아니다. 벌써 한번 건너갔을 때는 다른 물이 내려와서 그때 강이 아니라고 했습니다. 또 다른 철학자는 한 번도 건너가지 못한다. 건너가는 동안에도 계속 달라지니까 한 번도 건너가지 못한다고 했습니다.

이렇게 정지와 운동이 연속되어있는 과정과 불연속되어있는 과정이 통일되어 있는 것이 있는데 그것을 정지의 순간(Moment)만, 요인만 가지고 설명하거나 운동의 순간(Moment)만, 요인만 가지고서 설명해선 안된다는 것입니다. 모든 사물이 이렇게 되어 있습니다.

모든 사물이 변화 발전하는 견지에서 보면 절대적이 아니고 제3단계가 있을 수 있다는 것입니다. 사람이 늙어서 죽는다. 산 사람과 죽은 사람은 정반대이지만 그 중간단계가 있을 수 있다. 이 생명 물질과 무생명 물질은 다르지만 언제부터 생명물질이 되고 언제부터 무생명 물질인지는 가리기가 아주 힘듭니다.

생물학자들에게 물어보니까 제일 가리기가 힘든 것이 그것이라고 해요. 어느 단계까지가 생명 물질이고 어느 단계부터 무생명 물질이라고 하는 것을 가리기가 힘들다고 합니다. 이런 중간 단계를 인정할 수 있는가 없는가, 그것을 인정해야 된다는 것입니다. 그 중간 단계는 모든 사물이 연속적인 동시에 끝없이 불연속적으로 분리할 수 있다는 것으로 설명이 되는데 문제는 발전의 견지에서 볼 때 변화되는 두 가지 요인이 있어서 상호 작용을 하면서 새것을 낳는다는 것입니다. 이것이 변증법의 새로운 면입니다.

서로 대립되어 있는 것이 서로 상호 작용하면서 A와 B가 서로 작용하면서 새로운 것이 나왔다. A도 아니고 B도 아닌 새로운 것이 나왔다. 이것은 변증법이 새것이 어떻게 나왔는가? 어떻게 변화가 일어났는가? 하는 것을 설명하는 것입니다. 이 이상 더 쉽게는 얘기를 못하겠어요.

상대성 원리는 그전에는 움직이지 않는 상태에서 볼 때 길이가 얼마나 된다. 무게가 얼마라고 절대적으로 봤거든요. 그러나 운동 과정에서 보면 그것이 달라진다는 것입니다. 속도가 빨라지면 길이가 짧아집니다. 속도가 빨라지게 되면 중량이 늘어납니다. 이렇게 약한 물건이지만 속도가 아주 빨라지면 길이는 아주 짧아지는 동시에 힘은 아주 강해져서 이런 것도 뚫고 나갈 수 있어요. 물 같은 것도 속도가 빨라지면 모든 것 뚫고 나갑니다. 그만큼 중량이 많아집니다. 4차원 공간이니 무엇이니 하는 것도 신비한 것이 아닙니다. 운동이라는 것을 첨부하면 그렇게 됩니다. 운동은 시간적으로만 흐르니까, 4차원 공간은 3차원 공간 위에 따로 있는 것이 아니고 운동을 가하면 됩니다. 그렇기 때문에 운동 상태에서 볼 때와 정지 상태에서 볼 때는 다릅니다.

그런데 모든 것을 다 상대적이라고만 보면 안됩니다. 절대적인 것이 없이 상대적인 것만 보면 정지 상태는 보지 않고 운동만 보는 것이 됩니다. 공간으로서는 3차원 공간 외는 있을 수가 없습니다. 물질의 운동을 가미할 때 그렇게 한 차원 더 두지 않으면 됩니다. 사물이 정지 상태와 운동 상태가 결합되어 통일되어 존재하는데 어느 한 면만 보면 안된다는 것입니다.

이렇게 정리합시다.

정지 상태에서 볼 때는 같고, 다르다는 것을 나누어 놓는 것이 지금까지의 전통적인 논리학이고, 운동 상태에서, 변화되는 상태에서, 발전하는 상태에서는 정지 상태와는 달리 절대적인 것이 상대적으로 변하고 이렇게 발전할 때는 새것이 나와야 되니까, 새것이란 결국 지금까지 있던 것이 상호 작용해서 그것보다 더 능력이 높은 급의 존재가 나오게 된다는 것을 설명하는 것에서 이 변증법적 논리가 필요하다는 것으로 정리할 수 있습니다.

신비화할 것은 아무것도 없습니다. 운동 상태에서의 논리, 논리라는 것은 순서입니다. 어떤 순서를 통해서 사물이 변화되는가 하는 순서입니다. 아침에 밥을 먹고 세수하고 직장에 나왔다. 이것이 하나의 논리입니다.

질문 : 헤겔의 변증법과 아리스토텔레스의 변증법, 형식 논리학과 어떻게 틀리는가?

하나는 운동을 인정하고 하나는 운동을 부정하는 것이고 또 하나는 모순을 인정하는 것이고 하나는 모순을 인정하지 않는 것인데, 헤겔은 모순을 인정하고 있지 않습니까?

답변 : 사람들이 보통 보는 것은 정지 상태만 봅니다. 과학자들이 연구하고 사람들이 보통 볼 때도, 둘을 비교할 때는 정지 상태만 비교합니다. 운동할 때는 운동하는 것만 비교합니다. 그러나 두 면이 다같이 정지 상태와 운동 상태가 통일되어있다, 사물이 존재할 때 이 두 면을 다

가지고 있다. 이렇게 볼 때는 변증법적으로 보는 것입니다. 그것은 모순을 인정하는 것입니다. 그런데 모순을 인정하는데 그 모순이라는 것이 논리적인 모순이 아니고 그런 존재가 발전되어 가는 과정을 보게 되면 꼭 이 두 개가 있는 존재와는 다른 것, 제3자를 인정한다는 것입니다. 그것을 도식으로 설명했기 때문에 헤겔의 변증법은 아무리 읽어도 알 수가 없습니다. 그런데 그 사람이 그렇게 했더라면 괜찮은데 사실은 이 형식 논리학은 지금까지 정지 상태에서 본 것이고 그것은 한 면이고 자기가 주장하는 것은 발전의 견지에서 볼 때 이렇게 된다고 설명했으면 아무 의문이 나올 것이 없는데 이 양반이 그걸… 내가 이제 얘기한 것도 그것도 아니라고요. 정과 반이 이렇게 왔다 갔다 하면서 양이 질로 변하고 질이 양으로 변하고 해서 새로운 보다 높은 개념이 나온다. 이렇게 되니까 그 양이 왜 질로 변하는가? 어떻게 그런 법이 있겠는가? 또 질이 왜 양으로 변하겠는가? 과거의 논리학 가지고는 도저히 이해할 수가 없게 되었지요.

헤겔의 논리학을 그대로 정상적인 사고하는 사람이 이해할 수 있다는 것은 거짓말입니다. 이해할 수 없습니다.

지금 생각해 보면 소크라테스가 그런 변증법적인 사고의 하나를 적용했다고 할 뿐이지 그런 것을 체계화한 것은 아닙니다. 플라톤도 변증법적 사고를 한 것은 사실입니다. 그러나 단편적으로 되어 있었지요. 그러다가 독일의 고전 철학에 와서 전면적으로 인식론을 연구하게 되었거든요.

인식론을 연구하면서 칸트가 마지막으로 얘기한 것이 '4가지 문제에 대해서는 이율배반이다. 도대체 알 수가 없다'고 했어요. 과거의 논리학으로서는 도저히 설명할 수 없다고 했습니다.

1. 세계가 유한한가, 무한한가? 과거의 논리학으로는 도저히 증명할 수 없다.
2. 단순한 것으로 되어 있는가, 복잡한 것으로 되어 있는가? 증명을 못한다.
3. 자유가 있는가, 모든 것이 필연적인가? 이것도 증명을 못한다.
4. 절대적 존재 즉 신이 있는가, 없는가? 이것도 증명을 못한다.

이 문제를 가지고 그 다음에 나온 사람이 휘히테입니다. 휘히테는 하나로 모아야 한다. 주관과 객관이 대립되어 있다고 보지 말고 주관이 객관을 낳는 것으로 봐야 한다고 주장했습니다. 그 다음에 쉐링크가 나와서 주관과 객관은 같다고 했습니다. 이것이 통일 철학입니다.

그 다음에 헤겔이 나와서 같은 것이 아니다. 주관과 객관이 통일되어 있지, 같은 것이 아니다. 같다는 것은 달이 없는 야밤에 모든 소가 엉덩

소로 보이는 것과 같은 것이라는 식으로 같다고 해서는 안된다고 했습니다. 양자가 다르면서도 같다. 통일되어 있다. 두 가지 측면을 가지고 있다고 주장했습니다.

그렇게 칸트로부터 모순을 지적했고 그 모순을 해결하는 방향으로 나온 것이 헤겔에 와서는 주관 즉 절대 정신이 객관 세계를 낳는다고 주장했고 그것과 같은 것이 아니라 통일되어서 높아져 나간다는 식으로 발전해 왔습니다.

그런 점에서 독일 고전 철학은 변증법적 발전에 큰 역할을 했습니다.

질문 : 자연 과학의 발전은 아리스토텔레스가 발전시켰거든요. 그는 4원소설을 주장했어요. 모든 것은 地水火風이라고…

답변 : 소련 사람들은 혁명 이후에 형식 논리학을 배워주지 않았어요. 변증법적 논리만 옳은 것이라고 해서 형식 논리학을 가르치지 않았습니다. 그런데 스탈린이 학교다닐 때 논리학에 흥미가 있어서 공부를 했습니다. 그는 보고서를 볼 때마다 왜 이렇게 논리적인 훈련이 안되어 있는가? 그래서 논리학을 교육시키라고 지시했어요. 그런데 논리학 책이 없었어요. 논리학 책을 금지해서 못보게 했어요. 그런데 스탈린이 학교 다닐 때 체르바노보라는 사람이 작은 책을 쓴 것이 있었어요. 이것을 어떻게 촌에서 구해서 다시 출판했어요. 이럴 정도로 변증법적 논리학

을 신성화했고 마르크스가 헤겔의 논리학을 개작해서 만든 것이 유일하게 옳은 논리학이라고 생각했습니다. 그러다가 내가 소련에 유학 갔을 때 철학부에서 매일 논쟁을 했어요.

형식 논리학과 변증법적 논리학이 무엇이 다른가? 어느 것이 옳은가? 매일 토론을 했습니다. 3년을 토론했지만 아무런 성과가 없었습니다.

이 점에서는 나는 완전히 내가 해결했다고 보고 있습니다. 두 가지 양면이 다 긍정적인 것이 있는데 하나로 몰아 넣으려고 한 것이 잘못이다. 하나는 변화 발전의 견지에서 논리를 본 것이고 하나는 불변한 상태에서 본 것이다. 불변하다는 것은 현 Moment에서 불변하다는 것이다. 아무리 형식 논리학이라고 해도 여기 현재 움직이는 것을 부정할 수 있습니까? 이 사과가 썩고 있는데 부정할 수 있습니까? 현 상태에서 사람이 늙어 죽는다는 것을 부정하는 것이 아니라 현 상태에서 보면 이것이 옳고 이것이 그르다는 것은 절대적이란 말입니다. 즉 움직이지 않는 상태에서 비교하는 것과 움직이는, 발전하는 상태에서 비교하는 것이 다르다는 것입니다. 이것이 첫째입니다.

둘째는 발전의 견지에서 사물의 발전 과정을, 세계가 어떻게 발전해 왔는가 하는 학설과 변증법적 논리는 다르다는 것입니다.

아리스토텔레스는 이런 논리학을 만들고 과학적으로 연구하는 길을 열어준 사람이지만 총체적으로 우주가 변화, 발전한다고 보지 않았습니다. 불변한 상태에서의 논리학을 만들었습니다. 이런 철학을 形而上學的哲學이라고 합니다.

철학은 철학인데 발전하는, 우주 전체가 발전하다는 입장에 서지 않는 철학을 형이상학적 철학이라고 합니다. 형이상학이라는 말은 아리스토텔레스가 여러 가지 과학을 분류하다가 마지막에 물리학 다음에 형이상학 철학을 낳기 때문에 Methaphysica라는 말을 썼는데 Meta라는 것은 뒤라는 말입니다.

헤겔은 절대 정신은 자꾸 발전한다. 발전하는 것으로 봐야한다. 그래서 지금까지 모든 철학은 발전을 부인하는 철학이었기 때문에 그것은 형이상학이고 자기의 것은 변증법적 철학이라고 했습니다. 그런데 그의 논리학 자체는, 발전의 논리는 학설이 아니라 이제 말한 것처럼 正反合으로 계속 엮어나가는 것이었습니다.

지금 철학을 전문으로 하는 학자가 하나 있는데 이신철이라는 사람이 원래는 헤겔철학을 공부한 사람인데, 논리학 책을 다시 쓰라고 했어요. 쓸 때는 아리스토텔레스의 논리학에 그 운동 변화할 때의 논리를 어떻게 봐야 하는가를 첨부하라고 했어요.

그렇게 하면 된다고요. 아리스토텔레스의 논리학은 연역법에 귀납법을 첨부하지 않았어요? 그와 비슷하게 하나 첨부하라고 했어요.

베이콘이 첨부한 것은 귀납법이거든요. 대전제로부터 출발해서 소전제를 놓고 결론을 내는 방법이 아니고 (대전제-소전제-결론), 사물을 비교해서 결론을 내리는 것이거든요.

모든 뿔난 짐승은 반추한다. 소도 그렇다. 사슴도 그렇다. - 고로 뿔난 짐승은 반추한다. 이렇게 귀납하는 것입니다.

이것을 반대로 말하면 모든 뿔난 짐승은 반추한다. 새로운 짐승이 무슨 짐승인지 모르겠는데 이놈도 뿔났으니까 반추할 것이다. 이렇게 하는 것은 연역적인 방법입니다.

귀납법은 경험으로부터 출발해서 일반적인 명제를 끄집어내는 것이 귀납법입니다. 뿔난 짐승을 100개 정도를 헤아려 본 결과 뿔난 짐승은 한번 먹은 것을 다 반추한다. (101번 째 다음에 또 뿔난 짐승은 다르게 될 수도 있지 않겠는가? 이렇게 생각할 수도 있습니다.)

귀납법이란 일반적으로 생활해 나가는 과정에서 만들어 내는 데는 이 방법을 적용했거든요. 그것을 하나의 귀납법으로서 첨부한 것은 옳은 것입니다.

우리가 불변한 상태에서 진리를 탐구하는 방법과 변화 과정, 변화가 어떻게 되어 나가느냐 하는 데서 논리를, 질서를 세우는 방법과 이 둘을 다같이 인정해야겠다는 것입니다. 이것은 틀림없습니다. 틀림없는데 어떻게 더 쉽게 설명하는가가 문제이지 틀림없습니다.

그러니까 우리의 경험에는 제한이 있지 않습니까? 지구에서는 옳다

하다가도 더 넓은 세계에서 딴 것이 있을 수 있지요. 그러나 그 방법밖에는 없거든요. 그 방법을 통해서 일반적인 원리를 끄집어내는 방법 밖에는 없습니다.

그런 점에서 正反合이란 대단히 중요한 진리성을 가지고 있습니다. 그러나 거기에 다 넣으면 안됩니다.

플러스(+)와 마이너스(-), 정과 반이 호상 작용하는 데서 (+)도 아니고 (-)도 아닌 둘이 합해진 새로운 것이 나온다는 것은 옳은 것입니다. 그런데 헤겔은 그런 식으로 생각을 안했습니다. 순 논리적으로 정반합만 생각했습니다. 그러니까 실질적으로 논리학의 발전을 부인했습니다. 자기 철학으로 끝내려고만 했습니다. 자기가 철학을 최고로 발전시킨 것으로 생각했습니다.

그러나 우리 인간중심철학은 발전은 끝이 없다. 완성된 것은 없다. 우리 인류가 발전하면서 계속 완성해 나가야 한다는 것입니다.

7. 세계민주화 발원지 – 한반도 대한민국
　 세계민주화 종결지 – 한반도 대한민국

가) 황장엽선생은 수없이 강의중에 회한에 찬 말을 했다. "만약에 내가 이 세상에서 가장 못살고 가장 악랄한 공산독재 국가에서 태어나서 살지 않았더라면 인간중심철학은 탄생되지 못했을지도 모른다"고 자조적인 말을 자주 했다.

이렇게 황장엽선생은 인간중심철학의 탄생을 한반도 지옥땅에서 싹트게 된 것에 대해서 마음 아픈 심정을 가지면서도 세계인류가 나아가야할 궁극의 길을 밝히는 철학사상이 태어나게 된것에 대해서 무한한 자긍심을 가졌다.

우리 대한민국 국민들은 사려깊은 마음을 가지고 인간중심철학의 탐구와 세계민주화 실현을 위해서 모든 노력을 다 해야 한다.

대한민국은 인간중심철학의 발원지다. 인간중시철학의 종국적 지향 목표는 "세계민주화 실현"이다.

따라서 세계민주화의 발원지는 극동의 간방 한구석 한반도 대한민국이고 세계민주화의 종결지 또한 대한민국이 되도록 긍지와 함께 소명감을 가지고 인간혁명과 인류구원을 위해서 실천궁행 해야 한다.

나) 한반도 대한민국을 살펴보면 참으로 요상하고 신기하다.

동북방 艮方 한귀퉁이 좁쌀만한 땅 대한민국 한반도는 지도를 펴 놓고 찾아 보려면 두눈 크게 뜨고 찾아야 겨우 눈에 띌만큼 작은 나라다. 더구나 그 좁은 땅덩이는 너무도 토박하고 메말라서 어느것 하나 내놓을 만한 산물이라고는 찾아보기가 힘들 정도다.

뿐만 아니라 그 조그만 땅덩어리 사방에는 끊임없이 쳐들어와 나라를 짓밟고 재물을 탈취하고 인명을 수없이 도

륙하고 국권을 찬탈해온 일본, 중국, 소련 등 침략국가들이 에워싸고 있다.

얼마나 서럽고 한스러운 세월을 보냈는지 참으로 참담하다.

다) 그런데 이렇게 보잘 것 없고 한스러운 세월을 보낸 한반도 대한민국이 세계인류의 새역사를 만들어 낼 인간혁명의 발원지로 떠 오르고 있는데는 필연적 조화기운이 분명 있어 보인다.

한번 생각해 보자. 인간에게는 생존 3요소가 있다. 衣食住가 인간생존의 3요소다.

먼저 우리 한국인들의 전통 衣文化를 보자. 한국의 전통 복식이라고 하는 한복은 언뜻 보기에는 불편하고 비과학적이고 봄새도 세련되어 보이지 않는 저개발인들의 걸치기 복식문화 같다.

그러나 요즈음 세계적인 패션문화를 이끌고 있는 미국의 뉴욕, 프랑스의 파리, 영국의 런던, 이탈리아의 밀라노 등지의 유명한 Fashion show에서 새롭게 부각되고 크게 열광을 받고 있는 데는 분명 한복의 우주성과 매력이 있기 때문이다.

활동하기에 편리하고 이유없이 끌리는 매력이 있고 건강을 불어넣는 옷이라고 환호들을 하고 있다. 그리고 무한이 새로운 멋을 창출해 낼수 있는 매력도 있다.

한국인들의 食 文化는 어떤가? 생각해보면 감회가 깊고 한스러움까지 든다.

불과 얼마전까지만 해도 조롱섞인 차별과 거부감을 얼마나 많이 받았던가?
일본인들은 조센징이라고 하면서 김치, 마늘 냄새가 난다면서 마치 한국인들을 원시인들로까지 저주하고 멀리하지 않았던가!

미국에서는 한국인들이 이웃에 이사와 살게 되면 슬그머니 다른데로 이사를 갔다고 한다. 김치 된장 냄새가 난다고.

지금 김치, 된장, 고추장이 건강식으로 각광을 받으면서 먹으면 먹을수록 몸에 생기를 주어 뗄래야 뗄 수 없는 매력식품으로 되어가고 있지 않은가!

그래서 얄팍한 근성을 가지고 있는 중국인들은 김치의 본고장이 중국이라고 주장하다가 세계인들의 빈축을 사기도 했다.

일본인들은 어떤가?
무김치 배추김치를 한국인들 보다 더 맛있고 볼품있게 만들어 세계시장을 제패해 보겠다고 재주를 부려 봤지만 김치를 담가 놓으면 금방 무, 배추가 물로 삭아버려서 결국 실패하고 말았지 않은가?

지금 한국에서는 쌀, 무, 배추, 소고기, 돼지고기 등등 모든 식재료가 국산이냐 외국산이냐를 반드시 표시해야 한다. 만약 국산이 아닌 외국산을 국산으로 속였다간 크게 벌금을 물어야 한다. 미제, 일제 등 외국산이라야 취급을 받던 시절이 불과 얼마전의 일이다. 실로 놀랍고도 감개무량한 현상이 아닐수 없다.

한국인들의 住文化, 난방문화는 어떤가?
한국인들이 古來로 아껴 사용해온 온돌문화는 지금 북방인들의 住文化로 급속히 퍼져나가고 있다. 건강에 좋을뿐 더러 경제적이고 안정적이고 난방에는 더 없이 효과적이기 때문이다. 한국의 온돌문화도 세계인들의 난방문화로 널리 애용될 날이 멀지 않다.

라) 위와같은 衣食住 문화를 생존의 토양으로 하고 艮方의 귀퉁이 작은나라 한반도에서 자리잡고 살아온 한민족이 수많은 분야에서 세계를 제패하는 기적이 일어나고 있는 현상은 결코 우연이 아닌 天地人 조화의 필연이라고 생각을 하지 않을 수 없다.

지금 세계를 깜작 깜작 놀라게 하고 있는 K-팝, K-드라마, K-예능, K-영화 등등 일일이 열거를 못할 정도로 대단한 일들이 전지구촌을 뒤흔들고 있다.

마) 그런데 위에 열거한 그 무엇보다도 자랑스럽고 위대한 것은 한강의 기적이라고 세계인들이 부러워하고 놀라워 하고 있는 경제발전과 세계최고의 기술강국으로의 도약이다.

전세계 1등상품으로 날리고 있는 최첨단 한국산 제품들은 이제 열거하기 조차 어려울 정도로 수없이 많다. 모든 분야에서 한국인들이 손을 댔다 하면 세계 최고의 1등이 된다.

삼성의 반도체, 냉장고, TV, 현대의 자동차, LG의 냉장고, TV 그리고 수많은 기계설비, 세계 건설시장을 휩쓸고 있는 최첨단 건축, 건설기술, 수 없이 많은 의약품등 정말 헤아릴수 없이 많다.

더 놀라운 일은 최근에 와서 급부상 하고 있는 대한민국의 최첨단 방산 무기를 서로들 사가려고 수없이 많은 나라들이 줄을 서고 있는 현상이다. 참으로 경탄스럽다. 왜 이런 현상이 일어나고 있는지 신기하다.

바) 우리의 선인들이 예견한 天地人의 조화와 울림의 발현현상이 아닌가 하는 심증이 자꾸 굳어진다.

과학 학술지 "네이처"는 "북극이 움직이고 있다"는 글을 올린 적이 있다. 북극은 원래 캐나다에 있었는데 시베리아 쪽으로 움직이는데 그 속도가 점점 빨라진다고 한다.

네이처에 실린 영국지질연구소와 미국해양대기청(NOAA)의 조사 결과에 따르면 30년 전만 해도 1년에 15㎞ 속도로 이동했는데 지금은 1년에 50㎞씩 이동한다고 한다. 이런 현상이 계속 이어지면 지구의 막대자석이 180도 반대 방향으로 바뀔 수 있다.

과학자들이 바다속 해저산맥-해령을 분석한 결과에 따

르면 지자기 역전현상이 30만~40만년 주기로 발생했다는 사실을 발견했다고 한다. 완전한 형태의 마지막 지자기 역전은 약 78만년 전에 일어났다는 것을 확인했다.

그러면 이와 같은 지자기 역전현상은 인간과 인간이 이룬 문명에 어떤 영향을 미칠 것인가 궁금하고 두렵다.

그런데 우리 선인들은 벌써 이런 현상을 꽤뚫어 환히 알고 있었다. 지축이 정남북으로 바로 섬에 따라 공전궤도가 바뀌고 시간의 틀도 바뀌며 계절의구분이 없어짐으로 모든 존재는 조화와 울림현상으로 다스려짐으로 상생의 세상 곧 홍익세상이 된다고 내다 봤다.

이런 꿈같은 세상이 바로 동북쪽 艮方 한반도 대한민국에서 일어난다고 예견했다.

成始成終의 "씨앗의 눈"이 한반도 대한민국이 될 것이라고 예견했다.

지금 대한민국에서 일어나고 있는 상서롭고 놀라운 현상들이 이런 예언들을 뒷받침 해주고 있다고 생각된다.

세계민주화의 발원지가 한반도 대한민국이고 세계민주화의 종결지가 한반도 대한민국이라고 선언한 황장엽의 인간중심철학을 더 심도있게 연구해야 할 이유가 여기에 있다.

8. 핵심요약

〈인간중심철학과 세계민주화〉

1) 인간중심철학은 어떤 철학인가?

가) 황장엽이 창안, 정립-마르크스주의철학의 모순과 오류를 극복하고 창안, 정립.

나) 세계철학사(서양철학)에서의 위상-최고, 최후의 철학

다) 인간중심철학의 정의-인간의 운명개척의 길을 밝혀주는 것을 철학의 사명으로 하는 철학.

라) 인간중심철학의 두 기둥-과학과 변증법.
   지식의 철학 아님

마) 인간중심철학의 존재론
  ① 세상에 똑같은 존재는 없다. 원자도 분자도 다 다르다.
  ② 모든 존재는 상호존재. 네가 있음으로 내가 있고 내가 있음으로 네가 있다.

바) 인간중심철학의 존재의 본질적 특징.

　① 객관성-객관적 존재성

　② 주관성-주관적 자기보존성

　③ 운동성-결합과 협조성

사) 인간중심철학의 발전론

　① 존재의 발전원리-결합과 협조

　② 존재의 발전원리 구도

　발전의 원리(원인)-변화

　　↓

　변화의 원리(원인)-운동

　　↓

　운동의 원리(원인)-성질

　　↓

　성질의 원리(원인)-자기 보존성

　　↓

　자기보존성의 원리(원인)-동일성과 차이성(인력과 척력)

　　↓

　동일성과 차이성의 원리(원인)-구성요소와 결합구조

↓

구성요소와 결합구조의 원리(원인)-결합

↓

결합의 원리(원인)-협조.

③ 인간의 발전 – 자유의 발전

　　사회적 존재의 발전 – 인간중심의 발전

④ 인간발전의 두기둥

　　구성요소의 발전 – 개인의 발전-대립의 발전

　　결합구조의 발전 – 집단의 발전-통일의 발전

⑤ 인간발전의 요인 – 욕망

　　새로운 욕망. 고상한 욕망을 발전시켜야.

⑥ 욕망을 발전시키려면 – 사상을 발전시켜야 – 사상을 발전시키려면 – 과학과 철학을 발전시켜야. 즉 인간중심철학.

아) 마르크스의 존재론 – 모든 존재는 모순적 존재.

　　모든 존재는 대립물의 통일적 존재

자) 마르크스의 발전론

　　발전의 원천 – 모순

발전의 동력 – 투쟁

모순없이는 투쟁이 있을 수 없고 투쟁없이는 발전이 있을 수 없음 – 계급투쟁론

차) 인간중심이란? 철학적 의미모색

① 인간의 본질적 특성 – 인간은 사회적 존재

사회적 존재란? – 인간의 생명력, 생활력을 객관대상에 객관화 시켜서 사회적으로 이용, 보존, 발전시키는 존재.

② 인간의 탄생으로

세계는 인간과 자연 둘로 갈라졌다.

인간에게는 자유, 자유능력이 있기 때문이다.

③ 자유의 본질은 – 자주성과 창조성

자유의 연원은 – 정신

정신의 연원은 – 생명

④ 과학적, 철학적 근거

인간은 정신을 가짐으로서 자유, 자유능력을 갖게 되었고 자유능력을 갖게 됨으로 자주성과 창조적능력을 갖는

유일무이한 존재로 되었다. 따라서 인간은 자연변화에 운명이 결정되는 존재가 아니다. 인간의 운명은 인간의 자주성과 창조적 능력에 따라서 결정된다.

2) 세계민주화란?

① 인간발전의 종착점. 인간혁명. 제2의 인간세상
② 인간중심철학의 종국적 목표
③ 세계민주화의

가) 정치철학적 지향목표
  * 국가를 기본단위로하는 민주주의를전인류를, 전세계를 하나의 단위로하는 민주주의로 발전시켜야 하는 민주주의 정치철학 학설이다.
  * 국가중심의 세계질서, 국제질서를 인간중심의 세계질서로 발전시켜야 하는 인간중심철학의 민주주의 정치철학 학설이다.

나) 인간중심철학적 지향목표
    인간혁명, 제2의 인간세상, 하늘 땅 인간 통일통합,

인간중심세상

④ 세계민주화의 역사적 필연성
 가) 초과학문명시대-이미 세계는 지구촌마을 시대. 하나의 생활권 시대로 발전되어 가고 있다.

 나) 민주주의의 발전의 필연성-민주주의는 인간의 사회적 본성에 맞는 생존방식이다. 따라서 인간의 생명력의 발전에 맞게 민주주의의 내용도 발전시켜야 된다.

⑤ 세계민주화의 시대적 사명
 가) 인간의 극에 달한 이기적 욕망으로 극한적 타락상태-새로운 욕망 창출해야.

 나) 민주주의의 세계화 시대. 인류의 마지막 사회적 혁명. 어느 한 사회 형태를 다른 사회형태로 바꾸는 혁명이 아니다. 인류해방, 즉 온갖 특권과 불평등에서 해방되는 전인류적 혁명이다. 전인류적 민주주의의 완성이다. 인간중심의 민주주의 원리에 기초한 혁명이다. 창조주의 섭리가 작동하는 인간 세상이다.

다) 현재의 세계질서는 막다른 상황으로 치닫고 있는 이기주의적 극한경쟁 시대이다. 극단의 폭력 경쟁시대이다. 극단의 거짓기만의 인간실종시대이다.

푸틴의 우쿠라이나 침공. 시진핑의 일대일로의 중국몽. 김정은의 필사적 핵무기 개발과 살육적 독재. 트럼프맹종군중 미의회난입 미국민주주의 파괴 (2021. 1. 06)

라) 새로운 인류질서 태동

covid19 이후의 인간사회의 새로운 질서태동. 자연과의 대립물의 통일시대-자연과 함께 생존하고 자연과 함께 발전해 가는 인간세상.

⑥ 세계민주화 전략

가) 최강국가인 미국의 과제

나) 세계민주화의 기본원칙
   * 폭력제거-민주주의적 세계질서,국제질서
   * 민주주의적 정의의 질서-법적질서

다) 세계민주화의 기본조건-한 없는 생산력-핵융합발전 실현

라) 세계민주화의 걸림돌

　* 북한의 살륙적 세습독재정권. 따라서 북한민주화전략은 세계민주화전략의 관문이다.

⑦ 세계민주화가 완성되면

가) 오직 과학과 변증법만 남는다. 그간 인류문명을 이끌어왔던 도든 학문은 한낱 상식으로 되어져 학문으로서의 필요성이 없어진다. 인간중심철학도 상식으로 되어짐으로 필요없게 된다.

폭력과 기만, 두 기둥위에 세워져 있는 마르크스주의 철학과 그에 기초한 공산주의, 사회주의는 완전 사라진다.

인간의 욕망자체가 달라진다. 잘먹고 잘살려는 경쟁이 없어진다. 욕망의 차원이 달라진다. 따라서 행복의 수준이 달라진다.

주는 세상, 베푸는 세상, 사랑만이 작동하는 세상이 된다.

인간중심의 세상은 기적이 없는 세상이다. 일상이 전부 기적인 세상이다.

나) 미신이 없어진다. 과학과 변증법에 근거하는 창조주의 섭리가 작동하는 세상이다.

다) 민주주의의 다수결원칙이 사라진다. 화백제가 실현된다. 진실과 진리만이 작동하는 세상이 된다. 다수결원칙은 세계민주화가 실현될 때까지의 과도기적 수단일 뿐이다. 다수결원칙은 대중영합주의인 사이비 민주주의이다. 어리석은 민중들을 동원하는 민중 중우정치의 수단이다. 다수결은 법과 양심을 져버린 야수악당들이 국가를 지배케 할 뿐이다.

속임수 여론조작, 여론동원수단인 소위 "여론조사"는 철폐된다.

라) 인간의 우주시대가 열린다. 인간중심철학에서는 앞으로 200년 쯤 후로 보고 있지만 현재의 인간의 발전 속도로 봐서는 더 앞당겨 질수 있다. 우주시대 즉 우주의 식민화 시대가 열린다.

마) 인간의 수명도 원하는 만큼 연장할 수 있고 인간의 모든 조직도 기계부속 바꾸듯이 새롭게 바꿀수 있다.

바) 세계민주화 세상은 지금껏 인간세상을 발전시켜온 기술문명을 초월하는 조화문명, 울림문명의 세상이다. 울림현상을 통해서 세상사를 스스로 깨닫고 알게 되는 세상이 된다.

조화의 울림은 경계가 없다. 자연과 인간, 우주가 하나가 되는 세상이 된다. 따라서 인간과 자연이 마음으로 통하는 세상이 된다.

사) 바야흐로 동물세계를 벗어나 인간중심의 세계화세상은 동물의 탈을 벗고 인간과 우주의 정신이 통일되는 세상이 된다.

아) 인간중심의 세계화세상은 홍익세상이 됨으로 대립, 경쟁, 싸움이 없는 상생세상이 된다. 이런 인간세상은 빈부격차가 없어지고 완전한 남녀평등의 세상이 된다.

자) 하늘, 땅, 인간이 하나가 되어 하나의 원리로 존재하

고 발전되는 세상이 된다.

  결국 인간이 탄생됨으로서 인간과 자연(우주만물)이 둘로 갈라졌던 세상이 인간과 자연이 다시 하나로 통일된다.

9. 세계민주화 헌장

　마르크스주의 사상에 기초한 사회주의, 공산주의의 모순과 오류를 극복하고 탄생된 인간중심철학은 인간의 영원한 발전과 행복의 길은 오직 민주주의의 길임을 선언한다.

　또한 인간중심철학은 마르크스가 주장한 사회발전 5단계설을 부인하고 오직 민주주의의 영원한 발전만이 우리 인간이 영원히 생존하고 발전할 수 있는 길임을 선언한다.
　우리 인간의 고유한 생명력인 자주성, 창조성, 사회적 협조성을 보장하는 자유와 평등은 민주주의의 기본적 핵이다.

　민주주의는 우리 인간을 오늘의 인간으로 발전시켜 왔고 또 영원히 발전할 수 있게 하는 동력이다. 민주주의 발전의 종국적 목표는 세계민주화임을 천명한다.
　세계민주화가 되어 지구촌 세계가 하나로 통일되어 전

인류가 창조주 하나님이 내려주신 자유와 평등을 누리면서 평화롭고 행복한 인간중심의 세상을 향해서 다 함께 발전해 나아가는 세상, 창조주 하나님이 꿈꾸는 하나님 세상을 인간중심철학은 추구한다.

10. 인류사회 역사발전 구도

원시공동체 사회
↓
노예사회
↓
봉건사회
↓
자본주의 사회
↓
자본주의 사회//
사회주의, 공산주의 사회의 대립,
경쟁사회
↓
민주주의 사회
↓
세계민주화 사회
↓
인간중심의 세상//창조주의 세상

11. 세계민주화의 노래

작사 : 강 태 욱

우리는 한가족

나는 너의 형제
너는 나의 자매
우리는 한가족
이것이 우리들 세상
사랑하고 사랑하자, 하나님이 우리를 축복한다.

우리는 한가족
이것이 우리들 세상
평화로운 꽃이 피고
행복한 미소가 넘치는
사랑하고 사랑하자, 하나님이 우리를 축복한다.

내가 웃고
너도 함께 웃고
우리는 행복하고 행복하다
이것이 하나님이 주신 선물
사랑하고 사랑하자, 하나님이 우리를 축복한다

SONG OF THE WORLD DEMOCRATIZATION

Lyric Writer : T,W, Kang

We are one family

I am your brother
You are my sister
we are one family
we are the world
Love and Love, God bless us

we are one family
we are the world
blossoming peaceful flower
overwhelming happy smile
Love and Love, God bless us

I am smiling
you are smiling too
we are happy and happy
This is the gift God gave us
Love and Love, God bless us

부록 이 글은 황장엽 선생 10주기 기념 학술세미나 발표내용입니다.

Covid 19(corona virus disease 19) 사태와 인류사회 발전방향
(인간중심철학을 통해서 보는)

발표 : 강태욱

서론

인간중심철학이란 어떤 철학인가?
여러 측면으로 설명을 할 수 있는데 여기서는 인간중심철학의 정의에 대해서 간단히 설명하고 오늘의 주제에 대해서 논하도록 하겠습니다.

인간중심철학은 "인간의 운명개척의 길을 밝혀주는 것을 사명으로 하는 철학"이라고 정의하고 있습니다. 인간의 운명이란 무엇인가? 우리 인간이 생존하고 발전해 가는 과정을 인간의 운명이라고 합니다. 그러면 인간의 운명은 어떻게 무엇과의 관계에서 결정되는가? 우리가 살아가고 있는 세계, 우주 만물과의 관계에서 결정됩니다. 그래서 인간의 운명개척을 위해서는 우리 인간이 살아가고 있는 이 세상(세계, 우주만물)이 무엇인가를 알아야 합니다. 그리고 이 세상에서 살아가고 있는 인간은 어떤 존재인가 하는 것을 알아야 합니다.

다음으로 중요한 것은 이 세계(이 세상)와 이 세계에서 살아가고 있는 우리 인간과의 관계는 어떤 관계인가, 우리 인간이 이 세계에서 차지하고 있는 지위와 역할, 즉 우리 인간이 세계와의 관계에서 어느 정도의 자주적 지위를 차지하고 있으며 어느 정도의 창조적 역할을 할 수 있느냐 하는 것을 규명해야 합니다.

그래서 인간중심철학은 세계란 무엇인가? 인간이란 어떤 존재인가? 인간의 본질적 특징은 무엇인가? 그리고 세계와 인간과의 관계는 어떤 것인가 하는 것을 과학적 토대와 철학적 논거를 통해서 계속 끝없이 연구하고 규명해 나가야 합니다.

위에 언급한 바와 같이 인간중심철학은 우리 인간의 운명과 운명개척의 길을 밝혀 주는 것을 철학의 사명으로 하는 철학입니다.

따라서 현재 전세계 인류의 생존을 심각하게 위협하고 있는 Covid19 사태를 인간중심철학의 관점에서 어떻게 규명하고, 어떻게 극복해 나가야 할까 하는 대전략을 논해보려 합니다.

오늘은 세계와 그 세계에서 살아가고 있는 인간에 대해서 간단히 설명하고 본주제에 대해서 말씀 드리겠습니다.

본론

가. 세계(이세상)란 무엇인가?

원래 있었던 존재인가? 탄생된 존재인가?
세계는 탄생(발생)된 존재입니다. 어떻게 탄생되었는가? 하나의 원리로부터 탄생되었습니다. 하나의 원리란 무엇인가? 존재(물질)의 인과율의 법칙입니다.

존재(물질)는 원인이 있으면 그에 상응한 결과가 반드시 나온다는 법칙입니다.

이것을 존재의 필연의 법칙이라고 합니다.

① **세계 탄생(발생)**

천체 물리학자들은 우주를 탄생시킨 비밀을 규명하려고 참으로 많은 노력을 해왔습니다. 특히 우주생성 초기물질을 규명하려고 수많은 실험을 해 왔습니다.

그러다가 마침내 2010년 11월 미니빅뱅 실험실에서 우주생성 초기물질을 잡아내는데 성공했습니다.

스위스와 불란서의 접경지역 지하에 원주 27km나 되는 대형 "유럽원자핵연구소(CERN)"가 있습니다. 세계 33개국에서 1,000여 명의 뛰어난 천체물리학자들이 모여서 우주생성 초기물질을 찾아내려고 불철주야 연구하고 있는 곳입니다. 바로 이 곳에서 2010년 11월에 우주생성초기물질을 만들어 내는데 성공했습니다.

그러면 우주는 어떻게 탄생되었는가?

미국의 NASA(항공우주국)와 CERN(유럽핵연구소)에서 확인된 내용은 다음과 같습니다.

　우주는 137억년 전에 초기의 우주생성 물질이 대폭발(BIG Bang) 되면서 탄생되었다고 모든 천체물리학자들이 확인하고 있습니다. 대폭발에 걸린 시간은 - 1/44초이고 폭발된 초기물질은 10㎝ - 33의 크기였습니다. 폭발 당시의 온도는 10조도였습니다. 폭발 이후 38만년이 지난 후에 온도는 3,000도로 내려갔습니다.

　물질은 온도가 10만도가 되면 원자핵과 전자로 분리되어 플라즈마 상태로 됩니다. 이때는 빛도 통과되지 못하고 어떤 움직임도 없는 완전대칭 상태로 됩니다.

　이렇게 완전대칭 상태였던 우주가 38만년이 지나면서 3,000도까지 열이 내려가니까 우주공간에는 엄청난 변화가 일어났습니다. 이것을 자연적 대칭붕괴라고 합니다. 자연적 대칭붕괴 현상이 일어나면서 우주공간에는 4개의 힘이 생겨났습니다. 강력, 약력, 중력, 전자기력 등 4개의 힘이 우주공간에서 꿈틀거리기 시작했습니다.

　이와 같은 4개의 힘이 생겨나면서 45억 1천만 년 전에는 태양이 생겨났고 45억 년 전에는 지구가 탄생되었습니다. 그리고 수백억 수천억 개의 별들이 생겨났습니다. 이렇게 탄생된 우주공간은 계속 팽창해 나갔습니다. 우리가 보통 은하계라고 하는 별들이 밀집되어 있는 곳은 태양과 같은 별이 2,000억-3,000억개가 집중되어 있습니다. 직경이 10만광년이나 됩니다. 빛의 속도(1초에 30만km, 지구를 7바퀴반)로 10만년 걸려서 갈 수 있는 거리입니다. 은하계가 수천억개가 모여서 국부은하단을 형성하는데 국부은하단의 직경은 1,000만 광년입니다.

이렇게 긴 설명을 한 이유는 이 모든 우주현상도 예외없이 존재의 본질적 특성에서 연유되는 필연적 현상이라는 것을 설명키 위해서입니다.

② 인과율의 법칙, 필연의 법칙의 근거는 무엇인가?

모든 존재는 예외없이 존재의 본질적 특성을 가지고 있다는 과학적, 철학적 논거를 통해서 증명되고 있습니다.

존재의 본질적 특성은

ⓐ 객관성(객관적 존재성) - 우리인간의 사유와 관계없이 객관적으로 존재합니다.

ⓑ 주관성(주관적 자기보존성) - 무생명물질, 생명물질, 인간 등은 예외없이 자기보존성을 가지고 있습니다.
　ⓒ 운동성(존재의 객관성과 주관성의 결합과 협조성에서 연유되는 운동성)

　존재의 본질적 특성으로 인해서 모든 존재는 예외없이 운동을 합니다. 그래서 존재는 곧 운동이라고 합니다.

　여기서 모든 존재는 원인이면서 결과물이라는 철학적 추론을 내릴 수 있습니다.

　또한 인과율의 법칙, 필연의 법칙은 창조주 하나님의 섭리이기도 합니다.
　그래서 성경에서는 아담과 이브가 에덴동산에서 뱀에 꾀여서 선악과를 따 먹음으로서 인간은 하나님의 섭리를 거역하는 원죄를 지고 태어난다고 말하고 있습니다.

　그래서 인간의 탄생으로 인해서 혁명이 일어났습니다. 존재의 본질적 특성에서 오는 필연의 법칙을 거역하는 이

변이 일어났습니다.

어떤 이변이 일어났는가? 오직 인간에게만 주어진 자유능력으로 인해서 모든 존재의 필연의 법칙(창조주 하나님의 섭리)을 따르지 않을 수 있는 존재로 되었기 때문입니다.

인간만이 가지고 있는 자유, 자유능력이란 무엇인가?

너무도 중요한 단어(말)이기 때문에 깊이 고찰해 봐야 하겠습니다.

마르크스는 자유는 필연의 자각이다. 자각된 필연이다 라고 했습니다.

칸트는 자유는 창조적 활동이라고 했습니다. 둘 다 의미 있는 해석이라고 생각됩니다.

그러나 인간중심철학에서는 깊은 철학적 해석과 정의를 내리고 있습니다.

인간중심철학에서는 자유의 연원은 무엇인가? 자유의 본질은 무엇인가?

민주주의에서의 자유의 참뜻은 무엇인가? 등을 깊이있게 설명을 하고 있습니다.

① 자유의 연원은 생명입니다. 모든 생명체는 살려는 욕망이 있고 살려는 욕망은 더 잘 살려는 욕망이 있습니다. 더 잘살려는 욕망은 자유롭게 그 욕망을 실현하려고 합니다. 따라서 자유는 생명으로부터 나오는 필연의 현상입니다.

② 자유의 본질은 주동성과 능동성입니다. 누가 명령하고 시켜서 하는 것이 아니고 생명체 자체가 살려는 욕망을 실현하려는 자체현상입니다.

그러면 주동성과 능동성의 본질은 무엇인가? 자주성입니다. 자주성의 필수적 조건은 창조성입니다. 창조성이 없는 자주성은 부질없는 저항일 뿐입니다.

③ 민주주의에서 자유의 참뜻은 무엇인가? 속박입니다.

인간은 개인적 존재이면서 집단적 존재입니다. 이것은 모든 존재가 가지고 있는 불멸의 진리입니다. 따라서 자유는 나와 똑같은 다른 사람의 자유를 침범하지 않는 범위내에서의 자유여야 합니다. 그래서 자유의 참뜻은 속박입니다.

그런데 자유는 무한히 끝없이 발휘하려는 속성이 있습니다. 이런 자유의 속성을 인간의 발전수준에 맞게 조절하는 기능이 정치입니다. 이와같은 정치기능을 제도화 한 것이 민주주의 제도입니다.

그래서 인간의 탄생으로 자연 하나였던 세계가 자연(우주만물)과 인간, 둘로 갈라졌습니다. 이것은 정말 큰 사건이 아닐수 없습니다. 이 논리는 인간중심철학에서 처음으로 규명한 철학적 논리입니다.

나. 인간은 어떤 존재인가?

왜 인간은 자연의 법칙인 필연의 법칙을 거역할 수 있는 존재로 될 수 있었나?
위에서 언급한 바와 같이 인간에게는 자유의 능력을 갖게 되었기 때문입니다.
그러면 왜 인간만이 자유의 능력을 갖게 되었는가? 인간만이 정신, 정신적 생명력을 갖게 되었기 때문입니다.

인간중심철학에서는 인간만이 다음과 같은 3대생명력을 가지고 있다고 천명하고 있습니다.

① 정신적 생명력-자주성
② 물질적 생명력-창조성
③ 사회협조적 생명력-사회적 협조성

이 세가지 생명력은 모두 정신적 생명력에서 유래됩니다.

왜 인간만이 정신적 생명력을 갖게 되었는가?

생명체는 어떤 외부의 자극이 있으면 신경세포가 그자극을 받게됩니다.

이것을 "감각"이라고 합니다. 아, 어떤 자극이 있구나 하고 느낍니다.

이 감각작용이 되풀이 되면 신경세포가 더욱더 발전을 하게 됩니다. 그래서 또 감각이 있을 때는 이번에는 그전 것 하고는 다르네 하고 구별을 합니다.

이 단계로 발전을 하면 "지각" 단계가 됩니다. 그런데 지각 단계가 더 발전을 하면 자극이 없어도 머릿속에서 어떤자극은 어떻고 하면서 그려봅니다.

이것을 "표상"이라고 합니다. 이렇게 감각-지각-표상 단계까지 발전을 하면 추상적사고를 할 수 있고 이것이 곧 정신작용입니다.

그런데 왜 인간만이 이런 정신적 생명력을 가질 수 있었는가?

우리 인간은 800만 년전, 1,000만 년전, 1,500만 년전에 유인원에서 갈라져서 태어났다고 하는 세 개의 학설이 있습니다. 황선생께서는 1,500년전 설을 말씀하셨습니다. 이렇게 한 1,000만 년전에 유인원과 갈라져서 태어난 인간은 700만년 세월을 버텨오면서 지금으로부터 300만년전에 오스트랄로 피테쿠스, 일명 호모 하빌리스라는 손재주도 있고 슬기로은 종이 태어났습니다.

그 후 120만년이 지난 180만년전에 호모 에렉투스라는 종이 태어났는데 이때가 우리 인간이 현존인류로 발전할 수 있는 혁명적 존재로 된 시기였습니다.

바로 이 세상 유일무이한 直立步行하는 존재로 되었던 시기였습니다.

직립보행을 하게 됨으로서 뇌수와 척추를 연결해주는 대후두공이 일직선으로 놓이게 되었습니다. 이 결과 인간의 뇌수가 급격히 발전하게 되었습니다.

인간의 뇌수는 1,430g으로 몸전체의 1/47인데 산소와 혈액을 20%를 뇌수가 사용합니다.

유인원의 뇌수는 자기몸의 1/130이고 동물의 왕자인 사자는 1/700입니다.

이렇게 월등하게 발전된 인간의 뇌수는 감각-지각-표상-추상적사고 능력을 갖게 되었고 정신으로까지 발전하게 되었습니다.

이렇게 정신, 정신력을 갖게된 인간은 자유능력을 갖게 되었습니다.

자유능력을 갖게된 인간이 탄생됨으로서 존재의 필연의 법칙을 거역하면서 제각기 자기들만 살겠다고, 各自圖生 하려고, 전지구를 거의 초토화 시켜왔습니다.

78억 인구가 200여 국가로 나뉘어서 개인은 개인대로 국가는 국가대로 지구 공격을 해왔습니다.

인간의 이와같은 지구공격을 영국의 저명한 역사철학자 토인비는 "인류역사는 도전과 응전의 역사"라고 말했습니다. 인간의 우수성을 표현한 말이긴 하지만 너무 교만한 표현이 아닌가 생각됩니다.

당장 우리가 겪고 있는 기후급변 현상인 기온상승, 빙하 해빙, 가뭄, 홍수, 폭우, 폭풍, 혹서, 혹한, 잔인하고 사나운 태풍 등의 현상은 인간이 초토화시킨 지구가 뿜어내는 필연적 복수현상입니다.

이와같은 자연세계의 급변 현상으로 인해서 발생되는 돌연변이 생명체-균, 바이러스 등은 우리 인간의 운명을 좌우할 치명적 Pandemic으로 돌변하여 전지구를 휩쓸지도 모릅니다.

바로 현재 전세계를 급습하고 있는 Corona19 현상이 이를 증명하고 있습니다.

여기서 잠깐 최근의, 너무도 놀라운 신문기사 하나를 소개하겠습니다.

"Corona 대유행은 인간의 자연파괴 탓이라고 학계에서는 분석하고 있다. 지난 50년간 전세계 동물이 2/3나 사라졌다는 보고가 있다. 세계자연기금(WWF)이 발표한 "2020 Global Living Index" 보고서에서 1970 - 2018년까지 전세계 동물개체군의 68%가 사라졌다고 밝혔다. 세계자연기금 타냐 스틸 대표는 "범인은 역시 인간이다"라고 밝혔다. Iucv는 지금 추세라면 수십년 내에 동물 50만 종, 곤충 50만종이 멸종위기에 몰릴 수 있다고 경고했다. 그렇지만 인간이 노력하면 대멸종의 파국을 막을 수도 있다"란 기사였습니다.

우리 인간은 오늘의 엄중한 현실을 조물주가 보내는 경종이라고 깨닫고 인간(인류)이 생존하고 발전해 나아가야 할 통일된 방향과 대 전략을 정립해야 합니다.

다. 대 전략 - 세계민주화 전략

① 전인류를 하나로 통일시키고 통합시킬 수 있는 대 전략이 필요합니다. 이 문제는 선택이 아닌 우리 인류가 필수적으로 이루어내야 하는 과업입니다.

과연 가능한가? 정말 어려운 일입니다. 현재로서는 거의 불가능 한 일같이 보이기도 합니다.
그러나 전인류가 하나로 통일되어 변증법에서 말하는

"자연과의 대립물의 통일"을 이루어 자연세계와 더불어 함께 생존하고 함께 발전해 갈 수 있는 통일된 욕망실현은 선택이 아닌 절대적 필요조건입니다.

그런데 참으로 다행스러운 현상은 인간이 그간 이루어 온 최첨단과학과 문명의 덕으로 세계는 하나의 지구촌마을로 되어져가고 있다는 사실입니다. 정치만 제외하고는 지구촌 세상은 이미 세계화의 길로 들어서고 있습니다. 이와 같은 세계화 추세는 막을 수 없는 현상이 되었습니다. 세계화는 역사발전의 필연적 현상이기 때문입니다. 국경의 개념은 점점 약해지고 있습니다. 앞으로는 상징적 개념으로 될 수밖에 없습니다. 한나라 안에서의 道 분계선이나 郡 분계선 정도의 개념으로 바뀌게 될 것입니다.

② 그러면 세계화는 어떤 방법과 원칙으로 발전시켜야 하나? 분명하고 명백한 사실은 과거와 같이 강대국이 약소국을 침탈해서 국토를 넓혀나가는 정치적 탐욕으로는 절대로 안됩니다. 현시대는 민주주의 시대입니다. 따라서 세계화도 민주주의적 방법과 원칙으로 발전시켜 나가야

합니다.

바로 인간중심철학에서 제시하고 있는 세계민주화 전략으로 세계를 통일시켜 나가야 합니다. 그러면 인간중심철학이 주장하고 있는 세계민주화 전략이란 무엇인가?

국가를 기본단위로 하는 민주주의로부터 전인류를, 전세계를 하나의 단위로 하는 민주주의로 발전시켜 나가야 한다는 민주주의 정치철학 학설을 말합니다.

국가중심의 세계질서, 국제질서를 인간중심의 세계질서로 발전시켜 나가야 한다는 인간중심철학에 기초한 민주주의 정치이론을 말합니다.

그래서 인간중심철학에서 주장하고 있는 세계민주화 전략은 세계 인류를 하나로 통일시키고 통합시킬 수 있는 유일한 길입니다.

그런데 세계를 민주주의 원칙으로 통일시키는 데는 두 가지의 조건을 해결해야 합니다. 하나는 폭력을 제거하는 일이고 또 하나는 핵융합 발전의 실현입니다.

ⓐ 폭력-동물세계의 잔재인 폭력을 제거하고 세계적 범위의 정의의 질서, 법적질서를 세워야 합니다. 그런데 현 세계 질서에서 폭력을 제거하는데 가장 큰 걸림돌은 북한 김정은 살육독재정권입니다. 세계민주화전략의 가장 큰 걸림돌은 김정은 독재집단입니다. 그런데 북한의 김정은 집단은 기본적으로 공산주의 사상에 근본적 뿌리를 두고 있습니다. 이 점을 유의해야 합니다.

마르크스주의 철학의 공산주의를 증오와 위선, 거짓, 기만, 날조, 폭력의 과학이라고 합니다. 계급해방이란 미명하에 부모형제, 사제 등 천륜적 인간관계를 파괴하는 것이 더 큰 휴머니즘이고 역사발전에 기여한다는 신념을 가지고 천인공노할 인면수심의 인간파괴 행위가 죄책감이 아닌 사명감이란 악마의 논리를 당연시 하고 있습니다. 지금 한국사회에서 벌어지고 있는 통탄할 거짓, 기만, 날조가 극에 달해 가고 있는 현실이 바로 마르크스주의 사상의 찌꺼기가 마지막으로 몸부림치고 있는 것이 아닌가 하는 생각이 듭니다.

그래서 황장엽 선생은 북한민주화 전략이 한반도 통일

의 최고의 전략이라고 주장하시면서 북한민주화 실현을 위해서 온몸을 던지셨습니다.

ⓑ **핵융합 발전 실현**

전세계 인류가 하나로 통일되어 행복하고 평화롭게 살아가기 위해서는 생산물이 강물처럼 넘쳐나는 풍족한 세상이 되어야 합니다. 이 문제를 해결하는데는 한없는 동력 생산이 필수적 조건입니다. 바로 핵융합 발전의 실현이 그 답입니다.

핵융합 발전이란 태양이 열을 내는 방법을 통해서 전력을 생산하는 것을 말합니다. 태양은 1초에 6억 5700만톤의 수소핵을 융합하면서 0.7%가 감소되면서 1,600만도의 열을 냅니다. 핵융합을 할 때 나오는 열은 1억도 이상인데 태양내부에서는 Tunnel효과로 인해서 1,600만도의 열만을 냅니다.

수소 1g을 핵융합을 시키면 0.7%가 감소되면서 1억 5,000만kcal의 열을 냅니다. 이것은 1kw 전기곤로를 20

년간 한번도 쉬지 않고 사용할 수 있는 전력입니다. 수소 1g을 100% 핵융합을 시키면 215억kcal의 열을 생산할 수 있습니다. 큰 발전소 하나를 짓는 것과 같습니다.

전지구의 2/3가 바다입니다. 바닷물의 1/6,000 이 중수소입니다. 이 중수소를 핵융합시키면 전체 바닷물의 500배의 원유를 얻는거와 같습니다.
그렇게 되면 지금 우리가 호주머니에 전화기 한 대씩 가지고 다니듯이 그때는 호주머니에 발전소 하나씩 가지고 다니는 세상이 됩니다.

핵융합 발전이 성공되면 남극, 북극, 사하라 사막, 고비 사막 같은 극지의 땅도 젖과 꿀이 흐르는 유토피아로 만들 수 있고, 최악의 상황으로 치닫고 있는 우리 인간의 어머니인 대자연, 지구도 해맑고 싱그러운 청정세계로 만들 수 있습니다.

그런데 참으로 자랑스러운 일은 대한민국이 핵융합발전 연구에서 세계 제일이라는 사실입니다. KSTAR(Korea

Superconducting Tokamak Advanced Research)라는 한국형 초전도핵융합연구장치를 통해서 2018년에 벌써 핵융합을 일으켜 1억도의 열을 1.5초 동안 내는데 성공했습니다. 그런데 또 너무도 흥분된 뉴스를 조금전에 접해서 여기에 추가해서 알려드리려 합니다.

대한민국의 KSTAR 연구센터에서 2020년 11월 24일에 1억도의 초고온 플라즈마를 20초 이상 연속운전 하는데 성공했다고 밝혔습니다. 세계 최고의 수준입니다. 그 뒤를 중국이 따라오려고 애쓰고 있습니다.

그런데 말입니다. 너무도 통탄할 일이 벌어지고 있습니다. 엄청난 국민세금과 피나는 노력을 통해서 천신만고 끝에 세워논 원자력발전 시설을 폐기시키고 있습니다.

결 어

　전세계 인류의 운명을 위협하고 있는 코로나19 사태와 같은 치명적 Pandemic을 극복하고 우리 인간이 영원히 생존하고 발전해 가려면 전세계 인류가 하나로 통일되고 통합되어야 하는 것은 선택이 아닌 절대적이고 필수적인 우리 인류의 발전방향입니다.
　우리 인류가 통일되고 통합되려면 세계민주화 전략을 통해서만 실현할 수 밖에 없음을 강조하면서 제 말씀을 맺겠습니다.

황장엽의 인간중심철학
세계민주화 전략

발행일 | 2022. 10.
지은이 | 강태욱
연락처 | 010-8978-1552
이메일 | twk1009cs@naver.com
펴낸곳 | 도서출판 가야
출판등록 | 제13-05-11-34호
주소 | 충남 서산시 연당1로 3-6